华夏智库·企业培训丛书

CUIMIANSHI
GUANLI

催眠式管理

蒋平 蒋宇◎著

经济管理出版社
ECONOMY & MANAGEMENT PUBLISHING HOUSE

图书在版编目（CIP）数据

催眠式管理/蒋平，蒋宇著．—北京：经济管理出版社，2015.2
ISBN 978 - 7 - 5096 - 3602 - 2

Ⅰ．①催… Ⅱ．①蒋…②蒋… Ⅲ．①企业管理 Ⅳ．①F270

中国版本图书馆 CIP 数据核字（2015）第 006901 号

组稿编辑：张　艳
责任编辑：张　艳　丁慧敏
责任印制：黄章平
责任校对：车立佳

出版发行：经济管理出版社
　　　　　（北京市海淀区北蜂窝 8 号中雅大厦 A 座 11 层　100038）
网　　址：www. E - mp. com. cn
电　　话：（010）51915602
印　　刷：三河市海波印务有限公司
经　　销：新华书店
开　　本：720mm×1000mm/16
印　　张：13.25
字　　数：195 千字
版　　次：2015 年 4 月第 1 版　2015 年 4 月第 1 次印刷
书　　号：ISBN 978 - 7 - 5096 - 3602 - 2
定　　价：38.00 元

序
——印象蒋平

我国杰出的实力派催眠专家蒋平老师的《催眠大师》、《催眠式管理》问世之际，蒋平老师邀我为其著作写序，倍感荣幸，其著作一定能令广大读者大饱眼福，动笔时首先从脑海中浮现出的就是对他的印象，故谨以《印象蒋平》为题代为其著作的序言。

说起来与蒋平老师结识已经有十多年了，虽然我俩是同龄人，都出生在"大饥荒"过后的那一年，但是我一直尊称蒋平为老师。这一称呼不仅有尊重的意味，尊重他的学识、为人和在催眠上的专业修为与修炼，更因为他在我国现代催眠事业发展中所做出的不懈努力和贡献。

他令人尊重和佩服的地方，就在于他对催眠事业的那份执着、那份勤奋、那份好学、那份严谨，满满的都是热爱。

我只说说我所看到的蒋平。

就说执着吧。

蒋平在 20 世纪 80 年代中期就开始接触和钻研催眠。那时候刚实行改革开放不久，心理学及心理咨询刚刚复苏，催眠更是处于刚刚萌芽的状态。他独具慧眼，对催眠情有独钟，一头扎入这个领域，求学、钻研、实践、创业，从安徽到北京再到深圳，一走就是近三十年。那是在一片近乎荒芜的土地上耕耘，其中的艰辛、波折、起伏，各种际遇，风风雨雨，即使没有听他说过，也能想象得到。正因为有了这份执着和坚持，才会有他今天在催眠上的精深造诣和成就，这份底蕴之深厚，是岁月沉淀绽放的光芒，是现在那些刚刚接触催眠几年，就妄称催眠大师、宗师的人，所无法比拟的。

再说说他的勤奋好学。

蒋平是个很好学的人，而且好学到苛求的程度，从一个细节就可见一斑。我曾多次与蒋平一起参加学术会议。他不仅每天准时到会，雷打不动，心无旁骛，认真听讲，会后还常找人切磋交流，不耻下问。而且对于分组的小会，包括一些论文交流，他也一样准时出席，认真记录。这种好学的劲头，即使今天他已经功成名就，名满神州，依然保持着。2014年8月，我们在吉林主办全国第三届催眠师大会暨第一届催眠学术交流大会，作为大会的共同主席蒋平应邀出席，为大会做了精彩的学术报告，在会议期间还与格桑泽仁等专家做了现场的精彩演示，现场蒋平为一位紧张焦虑近二十年的女性个案做了催眠治疗，其行云流水的催眠引导及个案的神奇变化令与会者大为折服、钦佩。第二天下午，是分会场交流，我作为东道主考虑请一些与会专家游览一下吉林的风景名胜，以表达感谢。蒋平婉言谢绝了我们的好意，依然非常认真地参加分会场的交流，听几位年轻人的发言。

蒋平就是这样，他给我的感觉就是一直在成长，一直在前进。一段时间不见，你会发现他又有了新的建树和创新。这都源于他的勤奋好学和不断钻研。

看他的"绝对催眠"理论体系，既有对催眠理论的精深把握和表述，也有对自己丰富催眠实践的总结和提炼，是一个兼收并蓄、博采众长的集大成的体系。他不仅认真向马维祥老先生等催眠前辈学习，而且不断涉猎古今中外的催眠知识，对东方与西方的催眠都有精深的研究，并应用到临床实践中，进行应用与整合，逐步形成了具有自己特色的催眠理论和实践模式。

他的"催眠式沟通"更是令人惊叹与信服，他依据催眠的心理影响原理发展了系统的"催眠式沟通"技术，简单、明了，易于掌握，将此沟通技术自然地运用到心理咨询与日常沟通中，将能极大地提高沟通与说服的效率。

蒋平另一个钻研态度就是他的严谨。这一点在中国催眠界是非常可贵的。催眠在其漫长的发展过程中一直是充满争议和质疑的，原因就在于它有一定的神秘色彩和深入人的潜意识对人发挥深刻影响的神奇性。正因为催眠的特殊性，尤其要强调催眠工作者科学严谨的态度，这样，才能保持催眠的良好社会影响和声誉，使催眠行业有一个美好的未来。蒋平应该是深知这一点的，他始终把催眠的实践和研究与心理科学的研究紧密结合起来，把催眠临床与心理咨询、心理治疗紧密结合起来，所以其催眠有出神入化、行云流水之感，这源于其深厚的心理学和心理咨询功底。

我与蒋平有许多共同语言和共同理念，特别是他对催眠的感情，对中国催眠事业健康发展的关切与推动，对目前催眠行业发展中的问题的忧虑，包括希望推进催眠事业科学规范发展等，都是我们彼此的共识。也正是因为有这些共识，几年来，我们在张伯源、马维祥、孙时进等前辈和老师的带领下，与格桑泽仁、胡宝伟、荣新奇等催眠心理界的同行一起发起召开中国催眠师大会，致力于把催眠带入科学的殿堂，而蒋平在这个过程中发挥了非常重要的作用。

我们提倡和欢迎中国催眠行业百家争鸣、百花齐放，现在我国有美式催眠、德式催眠，也有马维祥、蒋平等老师倡导的具有本土特色的催眠，暂且称其为中式催眠吧。在发展中式催眠的过程中，蒋平以他的努力与贡献，毫无疑问地成为一个重要的领军人物。

《催眠大师》、《催眠式管理》的出版，也是我们本土催眠探索、研究与实践的一个最新成果，希望蒋平能够为广大催眠爱好者提供更多更新的有价值的成果，来帮助他们尽快地成长。让我们共同努力，用催眠更好地造福全中国人民，一起去迎接中国催眠事业健康发展的美好未来！

借此机会，也要特别感谢蒋平老师对我们吉林省催眠学会——这个全国目前唯一一个政府批准的催眠学术组织的支持，感谢其欣然应允担任我们学会的学术顾问。

现在很多人都说催眠行业就像一个江湖，如果说催眠行业真是一个江湖，蒋平就是那个仗剑而行、行侠仗义的武林志士，但他并不孤独，独步天下多知己，我们一起华山论剑，笑傲江湖。

催眠的路今后还会很长，我们更要且行且珍惜！

沈健

2014 年 12 月

前　言

当今，企业之间的竞争归根结底是人才的竞争。如何有效地调动员工的积极性，使员工更加忠诚于企业，接受并服从领导的指令，尽心尽力地完成工作，是每一个管理者希望解决而又经常不得要领的一个问题。

人难管，管人难，人力资源管理无时无刻不在面对挑战。尤其是面对操作层员工，他们的文化层次参差不齐，个性千差万别，人生经历也都不一样；他们对待工作往往是得过且过，混日子，如果想管理好他们，确实很难！

如今，在市场上，关于管理的图书有很多，可是很多管理方法都不符合实际，例如，建立合理的薪酬制度，确立内部晋升制度，加大员工激励力度，员工持股……这些方法确实不错，但是都是泛泛而谈。适用的企业仿佛很多，可往往达不到理想的效果。

有些管理人的方法，是不会出现在管理学书籍上的，即使有所描述，也是肤浅的。要想管好员工，关键是做好思想工作。思想指导行动，思想通，则一通百顺。要让员工的思想和公司保持一致，要想管理好他们，管理者就要成为精通思想管理的催眠大师！

先要明确什么是催眠，什么是催眠术，什么是催眠心理疗法。

一提到催眠，大家可能都会想到电视上的一幕：一个催眠师拿着催眠球在人的眼前晃来晃去，一会儿人就想睡觉了。其实，这是对催眠的一种肤浅认识，这是催眠术，而不是催眠心理疗法。所谓催眠心理疗法，就是利用生理放松、心理诱导、心理暗示的方法使人进入一种半梦半醒的状态，然后对他进行心理和生理的调控。

用心理学的术语来解释是这样的：人的意识状态大体分为清醒状态、睡眠状态和半梦半醒状态（也叫催眠状态或者潜意识状态）三类。在催眠状态下，人的注意力会高度集中在某一点，这时大脑其他部位就好像灯光暗了下来一样，只有少数大脑神经兴奋点特别亮，能和咨询师保持单线联系，在这种状态下，人的主动思维能力会明显降低，判断力下降，你跟他说什么，他都会不加判断地接受，这个时候进行心理治疗是最有效的。

催眠心理治疗是一门精深的学问，并不是某些人认为的像巫术般神奇，而是一门科学。催眠的原理是通过心理暗示、生理放松等催眠活动，使被催眠者的显意识（即理智）放松宁静，降低其主动抵抗力，进而抵达在其掩护之下的潜意识。在这种情况下，被催眠者很容易接受催眠师的语言暗示，后者可以比较自由地对他的心智进行诱导，改变他对事物的不良看法，灌输新的、灵通的、健康的思维方式。

潜意识是默默无闻的心灵世界，它被显意识所压抑，但是充满了巨大的能量，始终要对意识产生影响，只要显意识一放松，潜意识就会活跃起来，并浮现到意识中来。对员工采用积极的催眠式管理就是在管理中令他们全身心放松，逐渐进入类催眠状态，让他们的显意识暂时退场，打开其潜意识之门，与潜意识对话，把心结暴露出来，将郁积之气释放出去，代之以新鲜的精神血液，从而在心灵深处化解心灵顽症，建立积极、良好的心灵地图。

目　录

第一章　潜意识

——催眠式管理的关键

◎潜意识，能量的发源地

潜意识深深地隐藏在人的天性中，影响着每个人最基本的渴求，不动声色地影响着人的外在行为；而且它总是一直向上推进，直到成为意识的存在。

潜意识是人们对人类和自然界反映的一部分，是关于自己和世界的模糊观念的储存库，也是保存有事实和经历档案的保险库，这些档案是意识有时出于保管和日后的使用而向下发送到潜意识的。因此，潜意识不仅是随时准备交由意识支配的巨大资料储存库，还是能使人们充满活力进而恢复力量、勇气和信心的思想发电站。

潜意识超越了时空，根本上是装有宇宙连接装置的发射接收台。它能够与自然世界、精神世界以及未来世界甚至超自然世界沟通。也就是说，潜意识蕴含着人类过去的知觉和智慧、现在的认知和知识以及对未来的思考和想象。

潜意识有很多常人觉察不到的能力：直觉、情感、放大、压抑、确信感、灵感、联想、演绎、想象、构造和记忆。它通过不依赖于人体感官的其他手段来认知周围环境，通过直觉感知。当清醒的意识静止或活动减弱时，它就成功地作用并实现它的最高功能。

潜意识既能在人们工作期间发挥作用，又能在睡眠状态中发挥作用。作为一种独特的存在，潜意识拥有完全属于自己的独立的能力和功能，还包括独一无二的精神组织系统。它支撑着与人体和个人生活密切相关的实体，然而又不依赖人体生理起作用。

有些人可能会问："潜意识如何改变环境？"答案是：潜意识能够激发我们的创造性与灵通智慧，这种创造性与灵通智慧一般通过思想活动反映出来，并付诸行动，从而改变我们的现状和环境。

但是，思维分为两种：一种是简单的思维，直接、无意识；另一种是创造性思维，有意识、有逻辑、富有建设性。当我们充分发挥自己的创造性思维时，就能够把意识行为和潜意识行为完全统一，就能激发出无穷的创造力与灵通智慧，改变外在的客观环境，实现我们的人生目标。

◎催眠，引发"潜意识的力量"

现代科学普遍认为，催眠是无意识知觉占了主导，压制住了知觉而形成的状态。无意识知觉就好像是背景，例如，呼吸、走路、开车，大部分时候身体的控制都是无意识的，除非让注意力放在这些事情上面，你才会意识到，虽然暂时没有意识到，但是这些客观刺激与活动在人脑中是被记录的，是有反映的，只是暂时没有意识到而已，而催眠正是将这些隐身的无意识知觉唤醒、再将当下清醒的意识知觉带到后台休息的状态。

科学家发现，被催眠了以后，管理逻辑思维的左脑活动会明显减弱，而感性十足的右脑活动则会明显增强，整个大脑处于一种半睡半醒的状态。在这种状态下，人脑的主动意识显得很脆弱，可以受外界无意识地控制。

美国心理学家詹姆斯有句名言："意识是个斩不断的流。"意识活动具有连续性的特征。所谓意识，一般是指自觉的心理活动，人对客观现实的自觉反映就是有意识的反映。人的意识是以具有第二信号系统为特征的，是中枢神经高度发展的表现。自觉性、能动性、有目的性是意识的典型特征。

学界认为，意识具有两大功能：意识是主体对客体的一种自觉、整合的认识过程；也是主体对客体的一种随意的体验和意识活动的过程。

所谓无意识，通常指没有意识到的心理活动，它同第二信号系统没有联系，不能用语言表述。无意识也具有两大功能：无意识是主体对客体的一种不知不觉的反映功能；也是主体对客体的一种不知不觉的内心体验功能。

如前所述，催眠状态中人们所具有的心理状态，既不是清醒时的意识状态，也不是睡眠时的无意识状态，而是一种特殊的、变更了的、个别脑中枢特别兴奋的意识状态。

为什么说催眠状态中的意识不同于清醒状态中的意识呢？清醒时的意识状态，其典型特征是自觉性、能动性和目的性。而在催眠状态中，尤其是在深度催眠状态中，这些特征几乎不存在了，而代之为易受暗示、易被引发、易被引导。

一位受术者在被催眠后深有体会地说："我好像是一个机器人，被催眠师用遥控器（催眠术语言）控制着。我不自觉地、无条件地服从他的一切指令，进行他要我做的一切行为动作。"尽管动作是由受术者自己做出来的，但犹如牵线木偶，缺乏自觉能动性，并且被催眠后对自己的所作所为不能清醒回忆或一无所知。总之，所有的活动都缺乏"有意识性"。

催眠状态中的意识也不是处于完全无意识状态，这是因为：

首先，催眠的实践表明，如果催眠师的指令严重有悖于受术者的内在信念、道德行为规范，或者触动了受术者最为敏感的压抑、禁忌与利益，便会使受术者感到焦灼不安，甚至会发怒、反抗与惊醒。

其次，在催眠状态中，虽然受术者主动发起和终止的自觉能动性的活动消失，但是经催眠师的暗示，即使已失去了意识的批判与监察，也依然可以产生一些具有自觉能动性的活动。例如，根据催眠师的指令，受术者可以流畅地背诵与遣词造句，可以有条理地说出心中的喜悦、烦恼与打算；与催眠师的对话完全符合日常的逻辑规则和语法原理。而在典型的无意识状态中，根本没有第二信号系统的参与，更不会有完整的、合乎逻辑的言语活动。

最后，在催眠状态中，受术者仍存在警觉系统。这一警觉系统一般不表现出作用，可是一旦来自外部的指令严重违背了受术者的意愿与道德伦理观，该系统便会立即启动，产生抗拒外在暗示的反应。因此可以说，在催眠状态中，人并不是完全无意识的。

总而言之，人在催眠状态中所处的是一种特殊的意识状态。这种状态既有少部分清醒意识的特征，也有无意识的特征，但却不是两者中的任何一个。简单地说，在催眠状态中，受术者在宏观上是无意识的，在微观上却是有意识的。因此，在意识的连续体上，它处于清醒与无意识的中间位置，兼有两者的成分，但又不是两者的简单相加，更不是只有依托两者才能存在。它有自身的特殊性质，也有其独特的机制，这种特殊的状态有一系列独特的表现，具体如下：

1. 独特的心身关系

在催眠状态（第三意识状态）中，通过心理暗示的作用，可以使生理上发生一系列特殊的变化。这些变化能够让人体焕发出平时不可能产生的巨大能量和各种生理反应。在催眠状态下通过暗示可以让人控制和影响清醒状态下控制不了的生理反应，例如，在催眠状态下，人的意念暗示可以改变人的心跳、皮温等生理指标，而这些生理指标在清醒状态下人是不可控的。这样独特的心身关系是寻常的理论或常识所无法解释的。对它的研究，不仅有助于了解人的潜能，开发人的潜能，还会给深化、拓展心理学的基本原理，丰富哲学认识论的内容等方面，带来有益的启示，做出特殊的贡献。

2. 意识与潜意识的相互转换

按照心理活动的清醒程度进行分类，可以将意识、潜意识和无意识看作一个意识连续体。在这个连续体上存在着一个阈限，会将意识、潜意识、无意识分开。可是，在催眠状态（第三意识状态）下，就打破了这一界限，受术者的心理活动可以按催眠师的指令在此连续体上自由运行。

在催眠状态中，外部刺激可以无障碍地直接进入潜意识并可调整和调动潜意识。外部刺激还可以在催眠师规定的时间或情境中毫无困难地进入意识状态。在潜意识中，通过催眠暗示调整的逐渐积累，暗示的清醒度会逐渐提高，最后突破界限，此时就可以将潜意识的内容带入意识状态，也就是所谓的潜意识内容意识化，从而达到很好的心理治疗效果。

3. 感受性的极度提高与特异化

人在催眠状态（第三意识状态）中，对刺激的感受能力会发生特别的变化。其表现为，受术者仅能接受催眠师的指令，与催眠师保持单线联系，而对其他人模仿催眠师的声音甚至对催眠师本人的录音都会置之不理。

一位灵通催眠师对一位近视达350度的女生实施催眠，让她进入了中度催眠状态，灵通催眠师让其摘下眼镜，并强烈暗示她一定能看到1米以外的书上的英文字母，她居然毫不怀疑、尽力去尝试察看，竟然真的能正确朗读出英文单词。

总之，催眠状态（第三意识状态）的存在及其特征是值得我们重视并认真探讨的。对其中奥秘的探索，具有重要的理论意义与应用价值。

◎ 潜意识的六大特征

特征一：潜能巨大

推销大师博恩·崔西说过："潜意识是显意识力量的3万倍以上。"

人的显意识和潜意识就像一座浮在海面上的冰山，其中显意识就像冰山浮在海面上的部分，而潜意识就像冰山在海面以下的那部分。海面以下的部分要远远大于浮出海面的部分，而且那才是真正的根基所在。

潜意识会以一种"我不自知"的方式和规律运作，在我们没有觉察的情况下，主宰着我们的生活。如果能开发出这巨大的能量，人的一生必然会发生翻天覆地的变化。

根据维也纳大学康士坦丁博士估算：人类的脑神经细胞数量大约有1500亿个，脑神经细胞受到外部的刺激会长出芽，再长成枝（神经元），然后与其他脑N细胞结合并相互联络，形成十分发达的N联络网。于是，N信息电路就开启了。然而，人类有95%以上的神经元处于未使用状态，如果这些沉睡的神经元能够被唤醒，几乎人人都可以变成"超人"。

如果将人类的整个意识活动比喻成一座冰山的话，那么浮出水面的部分就属于显意识的范围，约占全部意识的5%，而95%隐藏在冰山底下的心理活动（意识）则属于潜意识的范围。所以，潜意识占据意识的绝大多数，其中的绝大部分都没有被启用。即便是像爱因斯坦、爱迪生那样的天才，一生也不过运用了他们整个潜意识的2%左右。

如果能学会开发潜意识，并充分发挥出它的力量，你将很容易得到健康、财富、地位、欢乐与幸福，你的人生将会更绚丽多彩。

潜意识不但引领着杰出人物做出伟大的成就或者创造出不朽的艺术杰作，还能帮我们吸引心仪的伴侣、完美的生意伙伴和理想的客户。还可以引领我们赢得财富，从而获得财务自由，过上随心所欲的生活。

一位十多年习惯性不能站立的刘先生在催眠治疗中发挥了潜意识力量，居然经过一次催眠治疗就能起身走路，获得健全的自由之身，并从此开始了行动自如的新生活。可见，他的灵魂力量极为强大。十多年前，他是一个受伤后不能站立的人，在医生与他人的消极暗示下，自己的潜意识也认定自己瘫痪了。其实他受伤后，只是暂时性地瘫痪了，经过治疗后已经能站立活动了，可是他潜意识认定自己瘫痪了，所以就信以为真地继续瘫痪。经过催眠治疗调整和改变潜意识后才重获新生。

这种治愈创伤的神奇力量不在别处，就在人们的潜意识深处！在现实中，也许有人曾屡遭打击，心灵伤痕累累，并植根于潜意识深处，对此，只有进入潜意识，寻找到潜意识的症结所在，化解过去的创伤，才能够康复如初，重新过上幸福美满的生活。

每个人都可以用心发现这份内心世界的宝藏。人类的爱、智慧、力量、光明和幸福，都深埋在这片未知的世界。同样，人类的恨、迷惘、软弱、黑暗与痛苦也都深埋在这片未知的世界。潜意识是无形的，却有着强大的力量。发掘并善用潜意识的力量，可以让我们洞察先机、解开迷雾、自我反省、未雨绸缪，轻松地让所有难题迎刃而解。只要能充分发挥出潜意识的力量，你就会发现自己身处智慧构筑的堡垒之中：成功、富有、健康、宁静、祥和而幸福。

特征二：不加批判，直来直去

在催眠状态下，一个人的潜意识不会辨别自己的想法是好是坏，是对还是错，它会不加批判地根据你的指示与暗示的信息，一律遵照执行。不论你给予的信息是否正确，它都会当作正确的来接受，并展开行动，使之付诸于现实。

潜意识是直来直去的，不会帮你去区分和判断，只要你输给它的，它一概照单全收加以反映。所以，要经常有意识地引导自己进入一种放松的类催眠状态，并给自己多输入一些正向的、积极的信息，这会使我们整个身心系统都变得正向、积极；在生活中，要多跟一些积极的人交往，这样可以通过潜移默化的积极影响来强大自己。

潜意识真的不识真假？让我们来举个例子：

你在桌子上放一枚图钉，让钉尖朝上，你敢使劲地拍下去吗？如果你的精神是正常的，那么你肯定不会做的。现在，我们来给自己的潜意识灌输这么一个想法：这枚图钉只是看上去像铁的，实际上它只是由柔软的塑料做成的，拍下去一点也不会伤害到自己，反而会把图钉拍扁。每天早起晚睡都灌输一下，有事没事灌输一下，一个月后，你敢不敢使劲地拍下去呢？如果不敢，两个月后呢？三个月后呢？这时，你还是不敢，为什么？因为你的潜意识很清楚你是在骗自己。

潜意识的不加批判，是建立在一定条件下的。

条件1：潜意识不知道是真是假。

还是拿这枚图钉做例子：

你在桌子上发现了一枚图钉，是朋友或者亲人放在那里的，并且他告诉你这枚图钉是一种新型的柔软塑料做成的，你将信将疑，但也没有去仔细研究。

第二天，你看电视，发现了一则科技新闻，报道了一种新材料的事，看起来和朋友说的新材料非常相似，并且提到这种新材料已经应用在图钉的制造业中。

后来，你在生活中，经常听人提起那枚柔软的、一捏就扁的图钉，你没有在意，但是你的潜意识会帮你默默记在心里。

有一天，你再次看到了那枚柔软的图钉。你走到桌子前，信手将它捏了起来，你想捏扁它，可是你感到一阵刺痛。这时，你可能会听到从身后传来的朋友的笑声："真傻，你被骗了吧。"

如果你没有信手捏它，是因为你的潜意识对此还是将信将疑，还需要自己去验证这件事的真假，这时，你可能会轻轻地拿起图钉，轻轻碰触一下那枚图钉尖尖——发现它并不是如朋友所说的那样能被捏扁，你会得意地想到："这帮家伙，想骗我，没门！"

条件2：先怀疑自己。

由于过去的经验，对于潜意识已经知道真假的事情，要想骗过它，就要先让他怀疑自己的判断是否还正确：

你自己在桌子上放了一枚铁的图钉，而一位朋友对你说："哇，桌子上的图钉是软的哎！"他说完，当着你的面就拍了下去，结果手抬起来，毫发无损。你开始好奇与怀疑，怎么回事？

那位朋友可能会编个理由："听说铁图钉放的时间久了是会变软的。"尽管你知道这不太可能，但你亲眼看着他拍后的手完好无损，你还是会想，也许他说的是真的。

几天之后，又有一位朋友来你家，重复第一个朋友做的事，你渐渐相信了他们的话。结果，你学着他们的样子，一掌拍了下去，在手被刺痛过后，你又被朋友们嘲笑了一番："这是个整人的小魔术，没想到略施小计，你就上当了。"

那么我们如何让潜意识怀疑自己呢？答案是行动验证！如果你假装不怕黑，那么装着装着，你就不怕了。

男生对一位心仪的美女死缠烂打地追求，令美女很讨厌。突然，有一天男生对那位美女冷淡了起来，而这位美女开始觉得不习惯："我是怎么了？难道我喜欢上他了？"男生计谋得逞，再加上些小手段，就可以坐拥美人了。

对于一个有经验的情场老手来说，他们的潜意识很容易区分什么是习惯，什么是喜欢。但是对于一个外行来说，他们的潜意识则容易被自己所骗。

"潜意识"不识真假，直来直去，员工也可以养成好的"潜意识"，也可能养成坏的"潜意识"，关键在于我们要建立什么样的企业文化，如何将企业文化由"意识"变成"潜意识"，由制度变成员工自觉的习惯性行为。

韦尔奇曾说过，当企业的员工在半清醒状态时，还能够背出企业的使命和价值观、愿景的时候，企业文化才起作用。

特征三：易受强烈刺激或重复刺激影响

强烈刺激会让人有刻骨铭心的感受，容易在潜意识中留下深刻的印记。重复一个信息的目的在于形成习惯，而习惯就是潜意识中最常见的表现形式之一。

成功就是有效简单的事情重复做！当你不断重复时，就会形成一个习惯模式。当一个新模式产生，旧的模式就会被替代。但新模式的重造，至少需要 21 天的时间。因此，不断地重复强烈的刺激，会在潜意识中烙下你想要的习惯和模式。积极正面的坚持是一种不可估量的力量！

开发潜意识的途径主要有以下三种：

（1）听觉刺激法。听觉刺激法就是运用听觉刺激来影响潜意识的模式。当你恐惧、害怕、缺乏自信时，自我鼓励，大喊几声会起到很好的振奋效果。在举重、搏击时大声喊叫，也可以立即增强爆发力。声音的刺激可以影响你的信念，带来积极的行动。

在你的家中或其他地方一直放潜意识录音带，即使不注意它，它也可以进入你的潜意识。睡眠中也可以放着，因为耳朵是 24 小时张开的，意识听不到，但潜意识照样能听到，效果仍然很好。

（2）视觉刺激法。视觉刺激法就是在房间建立一个"梦想板"，把自己理想的目标画成图片剪下来或者明确写出来，贴在"梦想板"上并放在显眼位置，让自己天天看得到，天天刺激你的视觉，进入你的潜意识，引导你达成梦想。

（3）观想刺激法。观想刺激法就是利用潜意识不加批判的特点，在大脑中积极想象你所希望的成功场景及动态画面，替换与覆盖掉你潜意识中的负面思想与画面。通过反复的观想、想象暗示，改变自我意象与心灵地图，建立成功的信念模式，从而引导自我产生积极的行动，达到预定理想的目标。

开发潜意识通常要经历这样三个步骤：

第一步：确立目标。

到一处宁静不受干扰的地方，坐好或躺好，轻松地闭上眼睛，大声说出自己的目标，包括达成目标的数额及时限。例如，"我将在某日前，用什么样的行动来获得多少财富"，"我将在某日前用什么样的行动来完成什么具体的任务"……再信以为真地想象自己真的实现这个目标时的样子及体会那种成功的感觉。

例如，如果你打算在三年内赚 60 万元，你以业务员的身份提供什么样的行动与服务来达成目标呢？

可以先写出书面的目标宣言，样式如下：

"在20××年1月1日以前，我要拥有60万元，这笔钱要在三年内陆续拿到手。为了得到这笔钱，我将持续地尽自己所能，提供最有效率的服务，以一名××优秀业务员的能力，提供质量最佳、最快捷、最完美的服务"。

"我相信我将拥有这笔钱。我清楚地看见这些钞票就在我的眼前，我可以亲手触及这些钱。现在这笔钱正等着存入我的账户，并且为自己自豪，我自豪我通过自己的行动理所当然地获得这些财富。我正静候着执行达成这种目标的计划，并清楚地、严格地、有条不紊地遵照计划行事"。

第二步：重复想象。

每天起床前和晚上临睡觉前在大脑中重复想象演练上述这一情节，直到你的脑海中清楚地看见目标达成的场景——得到了自己想要的这笔钱为止。

第三步：张贴目标。

把自己达成目标的书面宣言贴在早晚看得见的地方，每早起床、每晚临睡前诵读一次，直到自己完全记住为止。

特别提醒：进行这些活动的时候，其实是在运用自我暗示的原理不断地给自己的潜意识下达命令。而潜意识易接受带有感情色彩的指令，因此，在进行自我暗示传达信息的时候，要带有深刻的情感。不论这些自我暗示刚开始看来是多么地抽象、多么地不切实际，都要切实当真地遵行。因为，一旦积极的潜意识形成了，你的精神和行为都会进入一个全新的境界，你美好的人生就会自动地到来。

特征四：图像化运作

人脑的潜意识活动大多以图像的形式工作，潜意识图像分不清是亲自经历的景象，还是自我想象产生的景象。就人脑的主观真实来看，对客观反映的"真实"与自己想象的"真实"其功效是一样的。反复地输入"想象"，潜意识就会自动当真地带你走向目标。目标视觉化与成功预演等心理暗示技术就是依据这一原理开发出来的。

潜意识喜欢用图像的形式运作，不易接收到抽象的词汇概念，但是对图像形式的表现则很敏感。当你把自己想要输入的信息用图像化的形式在大脑中表现出来时，潜意识就会信以为真地接受，会以为这是你真正经历的过程。于是你就在大脑中有了这个"真实"的"经历"和"经验"。

当你不断地去想象某种自己想要得到的结果及过程的场景时，你就会活在那个成功的模式里，也就逐渐在那个成功的模式中坚定地、自信地行动，因而更容易去创造出那种成功的结果。

每个人都有自己的特点、优点与缺点，各不相同，但是人人都有大脑，都有可以善加利用的"潜意识"，如果你能洞察到，并能很好地科学地加以利用，就能很好地开发潜意识的能量。如果能充分开发好员工的潜意识，你就能很好地对其进行管理和领导。

潜意识其实是我们每个人的好"员工"，如果你能根据潜意识的动作规律及特征，加以科学运用，管理好人的潜意识，你就能成为优秀的管理大师。

特征五：喜欢带感情色彩的信息

在我们潜意识的运作中，情绪与情感对我们的影响最深。

潜意识最容易接收带有感情色彩的信息。情绪波动起伏越大，就越容易被潜意识接受、吸收、贮藏。这是管理者在团队精神建设中表现最突出的特征之一。

情绪是一种能量，它就像核能一样，当你很好地应用时，它就会安全地发挥出无与伦比的力量。在我们想要输入一些积极的信息时，就应当加入感情色彩，在加以行动时，也要尽量充满欢喜、愉悦地去做。让自己处于巅峰状态，让这些带有感情色彩的信息进入潜意识深处，就会在潜意识中注入深深的持续力量。

特征六：放松时，信息最容易进入潜意识

心理学研究发现：潜意识在α波状态时最容易吸收外界的信息。放松是

将大脑迅速调整到 α 波状态的最简单有效方法。例如，在自我暗示确认输入信息前要有放松过程，可以一边听放松音乐一边给大脑输入各种积极的信号。在聆听积极暗示录音带时，也要先让身心放松，如此才有利于脑波进入 α 波状态，便于信息进入潜意识。

日常情况下，我们的意识会用模式把我们自己控制得牢牢的，而且会形成一个很好的防护，防止外界信息进入潜意识，干扰我们的模式运作。但当我们身心放松时，清醒意识的力量也会减弱，当进入 α 波状态时，潜意识的活动就越来越多地显示出来，也更容易接受来自外界的暗示和刺激。依据潜意识的这一特征，可以更有效地开发我们潜意识的能量。

◎催眠式管理就是与下属的潜意识沟通

到底有没有潜意识？到底有没有催眠这回事？答案是有趣的，要看你从什么角度去回答。基本上，答案是：有催眠这回事。因为有一些佐证。例如，当人在某种催眠状态下时，他的外表呈现、反应模式和生理现象，都会发生特殊的改变，例如，心跳速度、脑波频率、肌肉松紧、肌肉僵硬、无意识受控……但答案也可能是没有催眠这回事，因为催眠现象是非常普遍的，以至于普通人都没有意识到它的存在，所以说不上有没有这回事。在生活中，几乎所有的生活情境都存在催眠现象，如政治、经济、演艺、文化、婚姻、爱情，希特勒的优生学论调，蒋中正的十万青年十万军；受到严重打击的美女轻易嫁给献殷勤的丑陋男人；股市的一时从众看涨，众人就乐观过头，一时从众看跌，众人就过度抛售；如偶像崇拜、追逐或模仿明星；孩子被持续大骂后的"温鸡状态"……这些都是集体催眠的最佳实例。

催眠暗示现象是那么普遍，无处不在，就如空气对于人一样，水对于鱼一样，时间长了，也就感觉不到它的存在了。也正因此才易被常人所忽略，所以也最值得我们去注意与研究、开发。

在很多人心中，催眠术有深深的"妖魔鬼怪痕迹"，带有封建迷信色彩，认为人一旦被催眠，就像是"傀儡"一样被催眠师操纵。其实，催眠并不是人们想象的那么神秘。所谓催眠就是催眠师用心理引导与心理暗示的方法使被催眠者抛开杂念，放松宁静，直接与最真实的潜意识进行自我沟通的过程。在催眠过程中，催眠师与被催眠者建立良好的信任关系，让被催眠者放下心理戒备、与催眠师保持单线联系，是能否进入催眠状态以及进入催眠状态深浅的最关键因素。

万物生而有灵性，唯有人具有复杂的思维能力。但是在遇到紧急情况的时候，人们复杂的思维会变得单一，那是因为在紧急状态下，清醒的意识、主动的思维减弱了，人进入了类催眠状态，真正的潜意识自我体现出来了。

心理学认为，一个人的思想和行为只要与自己的潜意识建立起良好的统一关系，他的身心就能平衡并获得有益发展。而催眠式管理，就是找到那个"潜意识自我"的最好途径。

在这个原理下，催眠师可以通过放松的工作环境和良好的心理暗示与被催眠者的潜意识进行交流，然后运用"催眠后暗示"将一些理念输入当事人的潜意识里，帮助人们以舒适的、自然的、不自觉的方式来改变某种习惯或形成某种新的行为动力。可以用来戒除不良的习惯，例如，如果在催眠中暗示受术者："香烟会慢慢熏黑、腐蚀你的肺脏，就像黑色油烟一样一点一点毁坏你的肺脏……以后每当你闻到香烟的味道，就会觉得恶心呕吐、眼睛流泪，你看到你成功地戒烟了……"催眠可以帮助人形成某种新的行为动力，例如，可以在催眠中暗示社交恐惧的受术者："……你特别的放松，当你看到人多的时候，你特别的轻松自在，你非常勇敢自在地像在家说话，你看到大家在为你鼓掌，你看到自己的肢体动作十分自然，大家全神贯注地看着你……你越来越自信，你是一个口才好的人了……"

第二章　涅槃，从心象开始

——用催眠式沟通重塑员工心象

◎沟通，通什么——感觉

管理者可以吸引下属的注意力，努力使自己成为一个可靠的"自我管理"的榜样，如果你想让员工成为有效的"自我管理者"，自己就得成为一个榜样，为他们提供一个示范，以生动、详细、易于理解的方式来展示"自我管理"的行为。一旦管理者的行为被"注意"之后，下属一般需要重复所观察到的行为从而使之强化。

管理者的一个重要任务就是为下属提供练习"自我管理"的机会，并鼓励他们通过示范来学习。必须注意的是，管理者的示范行为必须是生动、详细、易于理解和有视觉冲击力的。

管理者对下属实行领导，一是靠话语，二是靠行为，这就是中国古代所说的言传、身教。话语是很重要的，通过话语才能进行思想引领，才能把人的认识提到相应的高度；但作为领导者，光靠话语是不够的，还要靠潜移默化的行为，尤其是要通过潜移默化的行为给下属营造一个好的感觉，让他的潜意识舒适、愉悦、自在、安全。

小赵是一名新员工，第一天上班，对工作多少会有些害怕，因为新的环境给了他很大的压力，他要试图去适应新的环境，包括新的人和新的事物。

为了让其适应环境，管理者和小李进行了沟通：

（1）在门口迎接他。陌生员工来到新的环境，会有比较大的压力，会让他产生焦虑。如果管理者能够主动地在门口给他以迎接，并以轻松高兴的语气叫出他名字的后两个字，新员工会感到很轻松，很亲切。在余下的时间，员工会感到就像到了自己家一样。

（2）准备一个舒适的工作场所。当管理者把新员工带到他的新工作场所时，整齐、干净、舒适的工作场所会让他感到兴奋，如果桌面下还留有前任凌乱的办公用品，会让他感到不被重视。

（3）让其他同事参与。不要只是你一个人在不停地为新员工忙这忙那，其他同事的参与效果会更好，这会让他感到这里的人都很热情，对他来说，自己的到来很受大家的欢迎。

（4）带他熟悉一下工作环境。主动介绍工作环境里的每一个地方，包括卫生间。刚到新环境时的羞涩会让新员工很少开口去问这问那。

（5）建立联系。主动把所有同事的通讯录或者电子邮件交给他，当然他的你也要记下，并告诉其他同事。

（6）陪他一起吃午饭。很难想象，到了中午吃饭时间，别人都结伴去吃午饭，新员工却冷落一旁不知所措。

（7）下班后与他谈话。新员工的第一天最需要别人的评价，特别是肯定的评价会让他在以后的工作中更加有激情和动力，下班后不妨和他谈一下他今天的工作表现，如果那些表现非常棒，就表扬他；如果有问题，请提出来，他会非常乐意接受的。

上述方法其实都是一些积极催眠暗示性的影响。

如果管理者不加以积极的暗示引导，新员工适应的过程也许要很长时间，或者由于种种原因会失去他。但是，如果管理者能够在第一天给他一些帮助，让他对企业、对工作、对同事都有一定的了解和熟悉，让他在来到新企业后能有一个平稳和舒适的过渡阶段，那么他会很快地在新环境中投入工作，并为企业带来效益。

1. 尽早在下属身上下功夫

管理者必须花大量时间与下属进行一对一的坦诚交流，先要了解下属，了解下属对公司面临挑战的看法、对原先的公司的评价和对新公司的期望。除此之外，还要让下属了解自己。管理者频繁接触下属，有助于传达自己的期望，揭示自己的领导风格，使下属更了解自己，减少他们的偏见。

建立融洽信任的工作关系也很重要。时间是管理者最稀缺的资源，如果在下属身上花宝贵的时间，就表明管理者对下属的重视，这有助于两者之间建立融洽的工作关系，增进管理者与下属之间的信任与沟通，减少误解。

2. 注意自己的言行

管理者往往会认为，自己良好的品格和能力会自然流露，所谓日久见人心。但也要看到，展现"真实的自我"并不意味着"完全自然"。

在上任期间，管理者要抓住每一个机会悄悄地证明自己，悄悄地证明就是运用暗示来证明，证明自己值得信赖、公平公正等。一旦管理者给下属成员留下好的第一印象，一切就变得非常容易了。管理者的良好行为会得到信服与赞同，而错误行为则会被忽略和得到宽恕。

同时，管理者要将"善意"给予下属，例如，帮助下属解决困难，具体指导工作、虚心接受下属意见、支持下属特长的发挥等。这就相当于一种投资，下属会回报管理者以宽容及追随，当管理者犯错时，下属会原谅你。

◎利用下属的信念和价值观

信念是人的力量之源，拥有坚定积极的信念，可以让自己在绝境中看到希望；拥有坚定积极的信念，就抓住了人生航船的舵，可以为自己掌握方向；拥有坚定积极的信念，就拥有了成功的力量。面对困难，有坚定积极信念的下属，一般都会保持从容，保持微笑，保持一颗积极向上的心。

请看一个真实的故事：

小盛是一位来自农村的年轻人，大学毕业后，带着父母省吃俭用攒下的钱来深圳创业。然而，三个月后，与他合伙的同乡却卷款溜走了。后悔、愤懑、无奈、绝望在他心底交织着，他甚至想到了死。

小盛靠在天桥上，脑海里一片空白。这时，一位卖报纸的老妇走过来说："小伙子，买张报纸吧！"小盛下意识地将手伸进衣袋。他摸到了一个冰凉的东西，竟是一枚一元的硬币。他想，把这一元硬币花掉，自己就真正一无所有了。于是，小盛把硬币递过去。老妇递给他一张报纸，并找回一枚五角的硬币。

小盛忽然瞥到报纸上的一则招聘启事："本公司求贤纳士，诚邀有志之士加盟……"小盛心动了，缓缓走到天桥下的电话亭，然后拿起电话。对方要求他去面谈。小盛放下电话，将那枚五角硬币递进去，老板又找回来一角硬币。小盛将这枚硬币攥进手心，决定去那家公司碰碰运气。

小盛来到那家公司，一股脑地跟老板说了自己的不幸遭遇。老板说："谢谢你的信任，希望你能加盟我的公司。"小盛掏出那枚一角硬币，惨淡地说："除了这一角钱，我一无所有。"老板爽朗地笑了："有一角钱并不是一无所有啊，真正的财富并不是用金钱的多寡来衡量，而是用你头脑里的智慧和骨子里的坚强来体现的。"老板向他伸出了手。

小盛留了下来，三年之后便被提升为副经理。如今，小盛已经拥有了自己的产业，资产数百万元。但他不会忘记，当年那枚硬币带给他的奇迹。一元—五角—一角，硬币的面值在减少，但是硬币却给了他活下来的信念，并为他指引了走向成功的方向。

如果你始终对成功抱有坚定的信念，如果你始终对实现个人价值抱有坚定的信念，如果你始终对实现梦想抱有坚定的信念，那么你就是最有力量的人。

在一场国家奥林匹克比赛的决赛上，米奇尔面临着撑杆跳高生涯中最富挑战的时刻：横杆在 17 英尺，比他个人最好成绩高 3 英寸。

飞到二层楼的高度，对于任何人来说都是一个奇迹。此时此刻，不但是米奇尔的梦想，更是他的追求。

米奇尔从记事起就梦想着飞翔。从 14 岁起，米奇尔就开始了一项周密详细的举重训练。他隔一天练举重，隔一天练跑步。训练计划是由教练即他的父亲精心制订的，米奇尔的执着、决心和严格训练都是父亲一手培养的。

米奇尔是个优秀的学生，又是独子，为完美而奋力拼搏的这种坚持不懈的精神，不但是他的信念，更是他的激情。米奇尔的父亲总是说："想要得到，就必须坚持努力。"

米奇尔知道最后的时刻来临了，只要跨过这个高度就可以稳获冠军。他在草地上翻滚了一下，指尖上举，祈祷了三次。他拿起撑杆，稳稳站定，踏上他 17 岁生涯中最具挑战性的跑道。横杆被定在比他个人成绩高 18 英寸的位置上，距全国纪录仅 1 英寸。

米奇尔感到异常的紧张和不安，他想起母亲常告诉他，遇到这种情况要做一下深呼吸，然后有必胜的信心，他照着做了，紧张立刻从腿上消失了，他把撑杆轻轻地置于脚下。米奇尔伸开胳膊，抬起身体，一道冷汗沿着脊背流了下来。他小心地拿起撑杆，心脏怦怦跳。

米奇尔开始全速助跑，他做了一下深呼吸，然后告诉自己要有必胜的行动，结果成功顺理成章。

世事繁复不能把握，行动却能产生力量，这力量的源泉就是信念，坚强不服输的信念。真正的信念是不可战胜的！当遇到挫折的时候，心存信念，努力拼搏就一定能冲破风雨，迎来彩虹。高素质的员工必定心怀必胜的信念。

◎ 让企业文化理念进入员工的潜意识

小型企业靠机遇，中型企业靠管理，大型企业靠文化。"企业文化"是个热门词汇，但凡上了点规模的公司都喜欢搞点文化理念，不但可以凝聚人心，还显得有"品位"，向"国际化"迈进。但提出真正切合公司发展实际的文化理念是很有挑战性的，把这些理念变成企业员工的行为，变成企业组织的行为，更具有挑战性。

在网上、报刊上，经常会发现那些取得卓越成就的知名企业都具有可持续发展规律核心层次的企业文化。其实，每个企业都应具有企业文化和企业价值观、企业精神和企业形象，否则，再高明的经营战略也很难取得成功。

企业文化，是企业在一定的社会经济文化环境和生产经营管理实践中形成的思想观念、价值取向、行为准则等意识形态，是企业的精神源泉和支柱。现在企业都在讲企业文化，很多企业认为企业文化是一些很具体实际的东西，写几条标语、制定几个制度就完成了企业文化建设。事实上，企业文化建设是一个长期的工作，需要日积月累。

如何让员工更快更好地融入到企业文化中来呢？重点是要在短时间内认同企业经营理念、企业精神、企业形象。

首先，让员工知道并认同所在企业的经营理念。

无论在哪里，做什么，员工都要保持企业形象。如果企业理念是"站在顾客的立场为顾客提供超值服务"，员工就不能"站在本身的立场为顾客提供服务"。在服务过程中，只有"忘我"，对顾客才能"超值"。

员工必须认同企业的理念。员工属于公司的一员，员工的一举一动都代表着公司形象，无论在什么样的场合，都应该在谈吐、用语、笑容等方面以公司企业文化为核心，这样才能将企业文化融入到员工的工作生活当中，逐渐提高员工自身的综合素质。

其次，必须学习企业精神。

好的企业精神，能激发员工的积极性。好的公司追求"诚信、务实、团结、创新"的精神，具体来说：

诚信：以诚待人、诚实做事。

务实：务实进取、实实在在。

团结：精诚合作、共谋发展。

创新：创新机制、提升能力。

没有人能一劳永逸，收获必须建立在付出的基础上，一味追求收获，没有付出，在工作中只会怨天尤人，情绪低落，久而久之，便会失去工作的乐趣和信心，悲观失望。

一个好的企业，给人的收获，并不一定全是物质的。很多成功人士感恩的往往并不是企业曾经给予的物质，而是其获得的精神财富，只有精神财富，才能使其拥有永远奋斗的毅力和胆量。

最后，必须维护企业形象。

企业形象是企业在长期的社会生产经营活动中，在行为、形象、制度等方面让社会认可的表现，能提高企业社会知名度和美誉度，能使公众对企业、企业经营以及企业产品产生稳定的安全感、亲切感、信任感和崇拜感。

员工在企业的一切活动或在代表企业身份进行各种社会活动时，不能有损害企业形象的言行。维护企业的良好形象，就是建立自己的良好形象。员工在每日的工作中，在言行上、衣着上的规范与否，直接关系到企业的形象，员工有义务和责任维护企业的良好形象。

◎接拿还是接纳，建立亲和与信任是关键

有这样两个案例：

很多年以前，朱龙华去远大空调参观，看到两个非常惊讶的现象：

（1）厂区内部的超市没有收银员，完全是员工拿了商品，自己付钱，自己找零。他问当时的管理人员："有没有人逃单的？"对方说，有！但逃单率不到1%，比请营业员划算。

（2）员工节日发福利的时候，一般企业的做法是，有个名单，然后有人负责发，领了的人就签个名。而远大空调完全没有这个程序，他们告诉员工每个人领多少，然后自己去领，从来没有人多拿。

在《德胜员工手册》上，把德胜描述得非常神奇：

在德胜，员工请假、报销，完全不需要领导签字，自己把发票贴好，自己签名就行；公司从来不打考勤，坚决不让员工带病上岗。在这样一套制度下，一个2000人的企业，只有13个管理者。

无论是远大还是德胜，之所以成为许多同行学习的榜样，一个最重要的原因就是他们给予了员工充分的信任。而有些企业，许多管理者对员工的工作能力、工作态度常常持怀疑态度，并且不信任员工，直接导致了员工没有干劲，对工作没有热情。这样的结果是任何一个管理者都不想看到的，所以，管理者应该给予员工足够的信任。

无独有偶，乔布斯对员工的信任甚至超过了员工自己，常常使被信任者做出很多自己想都不曾想过的事。

苹果有个工程师叫比尔，有一次，比尔在会上开启了演示程序，苹果设备的屏幕上瞬间覆满了大大小小的椭圆，速度之快超出了想象，但是乔布斯不满足："嗯，圆形和椭圆形是很好，但是带圆角的长方形你觉得怎么样？我们是不是也做得出来？"

"不行，根本没门。这真的很难实现，而且我们根本不需要那个玩意儿。"比尔的语气听上去有点恼火，因为乔布斯非但没有赞扬他这么快画出来的椭圆形，竟然还得寸进尺。

乔布斯突然变得很激动："带圆角的长方形哪儿都是！你看看这个屋子里面。像白板、桌子和椅子"，他又指着窗外说，"你再看看外面，外面更多，哪儿都是！相信我，比尔，我完全认为你可以做得到，尽管去试……"
最后，比尔回家研究去了。

第二天下午，比尔带着灿烂的笑容重返办公室。他的演示程序可以画出有漂亮圆角的长方形了，而且跟绘制普通长方形一样快。后来，他们将之命名为"圆角矩形"，也就是我们今天所使用的智能手机、平板电脑上图标的来历。

受到信赖、得到全权处理工作的权利，任何员工都会无比兴奋，相对地也会产生责任心而全力以赴去工作。通常一个受管理者信任、能够放手做事的人，往往会有很强的责任心，无论管理者交代员工做什么事，员工都会竭尽全力去做好。

大部分人对于被信任都会心存感激，他们不但要受到他人的监督，同时也会受到自己良心的监督。这时候，员工对工作的期望远远超过生存需求，其工作内容就自然转变为实现自我价值的追求，自然而然地也就能取得更好的成果。

对于一个管理者来说，要做到充分信任下属是很难的。管理者的思想一定要转变，不仅要牢记"用人不疑"这一准则，也要将权力放开，不能牢牢地守着权力不放，否则就是对下属能力的一种不信任。

不过，并不是所有人都会不辜负管理者的信任，总会有一些害群之马，伤了管理者的心，影响了管理者再次实施信任的勇气。但是作为管理者，应该明白，不要对每一个人都施予一样的管束，擅长创造性思维的人只有在让他有充分自主权的环境中工作，才能有充分的自由，越过一般的条条框框，做一些富有开创性的事情，这对于企业来讲，利永远大于弊。

在这一过程中，管理者还要及时了解他们对环境的需求和想法，尽力提供有利于他们施展才能的环境。

◎ 与下属进行一次"日常宁静交流"

沟通是一个管理者必备的技能,只有保持良好的沟通,下属才能完全抛开顾虑,与领导轻松谈话。否则,你与下属总是有隔膜,很难达到你想要的工作效果。

跟下属保持良好的交流,是建立和谐的上下级关系的需要。一旦与下属构建了融洽的关系,下属就会在工作中拥护并且支持你的工作。古人云:"士为知己者死,女为悦己者容",讲的就是"知遇"的作用。

要使下属有知遇之恩,关键在于领导要"知",即理解下属的志趣、感情和能力,并设法使之实现和满足,这样一来,下属就会认为自己遇到了理解、肯定自己的上司,因而愿意为领导效力。

与下属沟通最大的目的,就是要通过交流充分调动下属的积极性,使他们的潜力得到最大限度地发挥。那么,如何来交流呢?

1. "伟大"来源于对小人物的尊重

事情往往就是这样奥妙,你越是在下属面前摆架子,让下属服从你,就越被下属看不起,认为你是"小人得志";你越是对待"小人物"放下架子,尊重他们,你在他们心中就越显得伟大。

领导与下属在人格上是平等的,职位的不同不等于人格的贵贱。有句话说得很对:"伟大来源于对待小人物上。"尊重下属,会让你获得不断增长的威望。

有个厂长每次进单位大门的时候,总要对门卫和收发室的临时工问这问那的,表现得很随和,这些临时工感到十分亲切。和正式工比起来,临时工本来就有自卑感,常常被人看不起,但是,厂长的做法却大大感动了他们。

这些所谓的小事，大大提高了厂长的威望，成了人们赞誉的话题。

2. 多激励少斥责

每个人的内心都有自己渴望的"评价"，希望别人能了解，并给予赞美。身为管理者，应适时地给予鼓励、慰勉，认可并褒扬下属的某些能力。

当下属不能愉快地接受某项工作任务时，领导说："我知道你很忙，抽不开身，但这事只有你能解决，我对其他人没有把握，思前想后，觉得你才是最佳人选。"这样一来，对方就无法拒绝了，巧妙地将对方的"不"变成"是"。

这一劝说技巧主要在于对对方某些固有的优点给予适度的褒奖，使对方得到心理上的满足，使其在较为愉快的情绪中接受工作任务。对于下属工作中出现的不足或者失误，不要直言训斥，要同下属共同分析失误的根本原因，找出改进的方法和措施，并鼓励他一定会做得很好。斥责会使下属产生逆反心理，而且很难平复，会给以后的工作带来隐患。

有个管理者带领几个下属参加保龄球比赛，比赛的时候，下属抛过去的球打倒了7个，管理者可能会有两种表达，其一："真厉害，一下就打倒了7个，不简单！"这种语言是激励，对方听起来定然会很舒服，其反应是，"下次我一定打得更好！"其二："真糟糕，怎么还剩3个没有打倒呀！你是怎么搞的？"为了缓解来自管理者的压力，下属会产生防御思维和想法，其反应是："我还打倒了7个，要换了你还不如我呢！"

两种不同的做法和不同的语言，前者起到激励的作用，后者产生逆反心理，产生的结果是不一样的。更重要的是心理上的影响，这是最根本的东西。

3. 站在下属的角度考虑问题

俗话说，设身处地，将心比心，人同此心，心同此理。作为管理者，在处理许多问题时，都要换位思考。例如，说服下属的时候，并不是没把道理讲清楚，而是管理者没有替对方着想。如果换个位置，管理者放下架子，站在下属的位置上考虑问题；同时，把下属放在管理者的位置上陈说苦衷，也就抓住了下属的关注点，这样沟通起来就容易了。

4. 领导是下属真正的朋友

管理者的说服工作，在很大程度上，可以说是情感的征服。只有善于运用情感技巧，以情感人，才能打动人心。

管理者与下属谈话时，要使对方感到领导不抱有任何个人目的，没有丝毫不良企图，而是真心实意地帮助自己，为下属的切身利益着想。这样沟通，双方的心就接近多了，就会产生"自己人"、"哥儿们"的感觉。

感情是沟通的桥梁，要想说服别人，必须架起这座桥梁，才能到达对方的心理堡垒，征服别人。情感是交往的纽带，管理者要灵活运用，和下属交朋友，使自己成为下属真正的自己人。

5. 语言幽默，轻松诙谐

说话的时候，语言幽默一些，对于下属来说，既是一种享受，又是一种激励，可以拉近上下级之间的距离。

管理者与下属谈话，语言幽默，轻松诙谐，营造一个和谐的交谈气氛和环境很重要。管理者和下属谈话时，可以适当点缀些俏皮话、笑话、歇后语，只要使用得当，就能把抽象的道理讲得清楚明白、诙谐风趣，会产生一种吸引力，使下属愿意和领导交流。

6. 与下属常谈心，增强凝聚力

一位厅级干部在他还是一般职员的时候，一次在路上见到领导（厅级），领导主动和他打招呼握手并问候他。虽然这是领导不经意的一次举动，但是在他心里产生了莫大的"震动"。回去之后心情也久久不能平静。他认为，这是领导对自己的重视和认可。从那以后，他的工作一直很出色，受到单位领导和上级的一致赞扬。现在，他已经升为厅级干部了。

他也经常找下属谈心、谈工作、谈生活、谈发展，每次谈话，职员都受到很大的鼓舞，就是这类举动，增强了全员的凝聚力，使整个单位的工作有声有色。

经常找下属谈心，可以充分了解职员对单位发展的看法，职员的心态、情绪变化，自己工作的反馈等，有利于更好地开展工作。每个职员都想得到上级的重视和认可，这是一种心理需要，常常和下属谈谈话，对于形成群体凝聚力，完成任务、目标，有着重要的意义。

◎ 让下属看到更美好的未来

人活着都有一个奔头。许多管理者只顾自己的前途，忘记了底下一帮人的未来还握在自己手里。下属跟管理者相比，职位不高，薪资不高，缺乏安全感，位置还有可能被取代，如果管理者不为下属规划一条路，确定一个方向，下属怎么能安心工作呢？

除了用车子、房子、奖励、荣誉、官职等方式留住人才外，管理者还要为他们提供发展平台与施展才华的舞台。如果人才在其岗位上施展不出能力，人才就会有想法。管理者要按照下属的特长为他们提供更广阔的发展平台和施展才华的舞台。

作为公司的骨干，管理者首先要支撑起公司，让公司有发展前途，这样才能让下属不用担心随时可能被裁掉。

其次，管理者作为下属的职业导师，要注意帮助下属成长，让他们具备为自己挣前途的本事。

给下属前途，最好的方法莫过于帮助下属制定职业规划。一份好的职业规划是最好的人生催眠图，甚至可以起到定心丸的作用，不但有利于企业人员稳定，还有利于企业效益增长。

一个人有了稳定工作，便会重视机会，因为机会代表着提高。培训、加薪、升职甚至一件很有挑战性的工作，都会被下属看成是机会，都会激发他们跃跃欲试的心。

随着知识型企业越来越多，对知识型员工的管理就变得更加复杂。管理是一门艺术，而每个人都是独特的，管理者要尊重每个人，包括他们的想法、情感等，要无条件地接纳他们，如果缺少这样的心态，一切方法都如无源之水，无本之木。怎样做好一个管理者呢？

第一，展现企业真貌。企业有些信息属于商业机密，但很多信息是可以公开的。管理者要帮助下属尽量多地了解公司的情况，帮助他们从正面理解和接受。没有人愿意生活在虚假中和伪饰的太平中，如果企业真的愿意把员工看成自己的一部分，员工是愿意分享自己的。

企业需要一群同甘共苦的人一起奋斗，没有员工希望自己服务的企业正走向末路。适当的真诚沟通，可以大大提升员工的企业主人翁感，他们也会更愿意将工作当成事业来看。

管理者虽然永远无法改变人，但可以用你的真诚影响别人！

第二，帮助梳理职业发展。今天职场的人，无论是年轻的，还是工作过一段时间的，大多数对待自己的职业发展都是迷茫的。因为不了解自己，也不知道自己擅长什么。即使是自己擅长的，有时却不能成为自己的职业发展方向，只能成为爱好。

如果管理者愿意帮助员工梳理其可能的职业发展通道，并和公司的发展进行有效结合，那么对员工以及企业来说，都是一个极大的贡献。

第三，设立可执行的目标。在一个组织中，员工内心最大的希望是被接纳、肯定，工作上有成就感。管理者要根据员工的实际情况、潜能，来设定他们经过努力就可以实现的目标。

目标要尽量量化，这样既方便考核，也容易让员工有真实的体会。当目标实现的时候，管理者一定要不吝惜地给予公开的鼓励和表扬，如此才会让员工有成就感和自豪感。但是，如果所设定的目标是员工自身条件无法实现的，员工就容易心生倦怠，听之任之，丧失工作热情。

第四，公司文化的宣传。俗话说，志同道合的人才能在一起走得更远。公司的价值观只有和员工的价值观进行完美结合，才能让员工找到家的感觉，才能让员工对其未来充满信心。

价值观存在于企业文化中，而文化是潜移默化的，只有在彼此的沟通和交流中才能体会到。因此，管理者要多建立类似企业文化的培训和交流活动，让员工通过这些轻松的活动完全敞开自己，更了解公司，也让公司更了解自己。

第五，建立有效的沟通体系。很多时候，管理者都在忙于日常的工作，员工之间以及员工和领导之间的沟通都是非常有限的。因此，员工不能真正了解管理者，管理者也不能真正了解员工的想法。

建立良好的沟通体系可以将一些不好的事情消灭在萌芽中，同时，员工也会有被尊重和重视的感觉，而不只是一个工作工具而已。管理者要抽出一定的时间来，给员工一双专注的眼神和一对倾听的耳朵，和他们保持及时沟通。

第三章　练好兵才能打好仗

——用催眠式管理来完善员工素质

◎催眠，就是诱导他人靠近目标

很多情况下，下属并不清楚自己的目标以及自己想要什么，这个时候需要管理者先协助其厘清目标，设立目标之后再开始完整的训练过程。

对于没有目标也不想设定目标的人，即使是管理者甚至再厉害的培训师也无从下手；而有目标、有训练需求的人，运用训练技术是最容易立竿见影的。另外，在企业中可能有些情况并不适合马上训练，可能还需要一些辅导，然后再进入训练过程。

管理者在运用训练技术时要学会区分下属是否有训练需要：

当一个人饥饿时，他最需要的是一条鱼，而不是教他钓鱼的方法。

当一个人病重时，他最需要的是治疗，而不是告诉他身体如何重要。

当一个人溺水时，他最需要的是一个救生圈，而不是游泳的技术。

大多数情况下，员工都迫切希望从上司那里立即得到解决问题的答案，所以只会将自己遇到的问题反映给上级。没有学过训练技术的管理者就会不耐烦地把自己的意见给下属，可是这种"解题"式的管理方法会让领导人感觉很累。因为我们请员工的目的不是让他仅仅发现问题，而是请他一起来解决问题的。

明智的企业领导遇到这类问题时，并不会马上给出解决方案，而是反问对方："你说怎么办？"等到下属想好了一个解决方案过来请示汇报时，领导又会说："凡事至少有三个以上的解决方案，请多想几个方案再来找我吧。"下属想出了三个以上的解决方案，再次找到领导时，领导就会和下属交流自己的意见与看法，并把自己的解决方案告诉下属。不过最后还会强调，最终的决定还是要你自己去做。

管理者如果习惯于下属一来找就直接给方法、给答案，管理者的能力就会越来越强，越来越能干，越来越累，下属却越来越白痴，越来越无能。不直接提供答案，会引发下属作深层次的思考，锻炼员工的自主性，培养其独立解决问题的能力。

当然，在运用中也要活学活用倾听、发问、区分等技术。聪明的企业领导人虽然不提倡直接给答案，但是也要根据实际情况，灵活运用。总不能发现小偷进入办公室偷东西时还要训练别人"你说该怎么办？"

下步目标是下一步要发展的水平，是下属或员工的发展机遇，是未来的水平，是更高的需要。管理者在协助员工完成和满足现实需要之前，找出下一步的机遇，这是更大动力的机遇点。

销售员需要具有良好的品格、素质和销售技巧，完成销售定额。但销售技巧只能使他成为好的销售员，却不能使他成为好的销售经理或者好的管理人员，提升一步之后，才会有下一步的机遇。

也许有人还要问："那么到底是给他一条鱼重要，还是教他钓鱼重要呢？"答案应该是两者有不同的重要性，要依据员工的不同情况，在不同阶段、不同时期灵活对待，不可以一条死规矩守到老，一条死胡同跑到黑！

管理者是帮助下属或员工实现目标的。下属或员工没有目标，管理者就失去了存在的意义，要帮助下属或员工找到目标并实现目标。

◎人关注什么就能吸引他成为什么

企业团队的蓬勃发展，需要全体成员的成长和协同一致的努力。在现实世界里，许多管理者都在拼命地关注产品、关注服务，却恰恰忘记了最该关注的对象——下属。这是一种舍本逐末的做法。企业的产品、服务，归根结底都需要下属协同努力地去创造、去提供，他们的价值代表着企业所能创造的价值。如果管理者缺乏对下属的关注，也不准备有所改变，怎么能赢得下属的协同？如何能赢得未来？

加强对员工的关注，赢得员工的协同，是一些国际大企业保持长盛不衰的秘诀之一。通用电气的成功正是从坦诚对待员工、关注员工开始的。惠普的价值观是："我们对人充分信任与尊重，我们追求高标准的贡献，我们将始终如一的情操与我们的事业融为一体，我们通过团队，通过鼓励灵活与创新来实现共同的目标——我们致力于科技的发展是为了增进人类的福利。"而摩托罗拉的员工所持的共同信念是短短的两句话："保持高尚的情操，对人永远的尊重。"

要想管理自己的下属，就要了解自己的下属，更好地发挥下属的优势。

1. 了解下属的基本情况

只有对下属的知识背景、专业能力、家庭情况，以及工作履历、业绩等基本情况有了比较充分的了解以后，管理者才能赢得下属的信任，进一步的交流才能继续。

有一次，唐骏应母校邀请去北京邮电大学作演讲。一个学生问："你公司最年轻的经理多大？"唐骏说："24 岁差 5 个月，他就坐在下面，叫沈乘黄。"唐骏请沈乘黄站起来，跟大家见面。沈乘黄十分感动，事后特意找到唐骏说："您能记住我的名字、专业、毕业的学校已经厉害了，您居然还记得我的生日，这太让我感动了！"

下属为什么要相信你？因为你了解他、信赖他。许多管理者对跟随自己多年的下属都不甚了解，不清楚下属的学历、所学专业、年龄等基本情况，也不清楚下属是否结婚、父母是否健在、有几个子女等。这样的管理者就会与下属产生隔阂，难以获得下属的信任和忠诚。

2. 了解下属的愿望和动机

有些管理者以为知道了下属的基本情况就是了解深入，其实这只是表象。要想真正了解下属，还要清楚他们有什么样的愿望和动机，他们渴望得到什么，他们最看重什么。

在抗战时期，毛泽东深刻了解农民的愿望和追求，因此提出了"打土豪，分田地"的口号联合抗战，满足了占全国90%以上的广大农民对土地的需要。这也是毛泽东获得群众支持，最终获得成功的重要基础。

下属为什么要追随你，是因为知道追随你会得到好处。管理者只有了解和满足了下属内心的需要，才能更好地引导和激励自己的下属，更好地发挥他们的主动性和积极性。

3. 了解下属的特殊才智

在了解下属的经历和动机的基础上，管理者还要清楚下属有什么样的特殊才智，他们擅长做什么，喜欢做什么，如此才能让下属人尽其才，获得更好的发展。

柳传志在了解和发挥下属特殊才智方面非常有心得。创业元老李勤与他之间的默契与互补已经成为联想走到今天的一个重要前提，也成为国内信息产业界创业搭档的一个成功典型。后来，杨元庆和郭为两人的加入使得柳传志"如虎添翼"。

随着事业的发展壮大，杨元庆和郭为可谓是联想旗下的两棵大树。可以说，公司的企业文化、经验运作、管理模式主要由他们创造，而且在接下来的企业发展中创造更大的辉煌。

什么是尊重？让下属的优势得到更好的发挥，就是对下属最好的尊重。当管理者把下属的优势很好地挖掘出来时，也是他在外人面前感到最光荣的时候，没有比这更让下属自豪的了。

◎ 让下属在不知不觉中认为自己能够做得更好

经常听一些下属抱怨说："不想干了，我们领导太专断了"、"我想换部门了，我们现在的部门领导自己无能，还招了一些无能的下属当管理者，我根本没办法施展自己的才能，还处处受气"……实际上这种领导压制下属、限制下属发展的现象非常普遍。

一些管理者为了确保下属不会替代自己的位置，根本不招有能力的员工；有些管理者为了压制下属，经常给有能力的下属"穿小鞋"，而让能力平常但听话、会说话的下属当管理者……其实，管理者完全没有必要这样做！

在信息化时代，人们之间讲究的是平等和互相尊重，管理者必须调整过去那种独断专行、命令式的领导方式，改为更加柔和的领导方式，尊重下属、为下属发展提供环境和指导。

过去，管理者的权威靠的是职位权，现在领导的权威靠的是影响力。如果管理者能为下属提供更多的指导，更愿意为下属的发展提供环境，拥有较高的人格魅力，那么就会有更多的下属愿意为你工作，因为他们在你这里工作可以锻炼和提高自己，并能看到自己的未来，反之，则可能导致下属消极怠工，工作积极性不高或下属的不断离职。

现在的社会和经济环境非常复杂、瞬息万变，只有依靠团队的力量才能有效应对这种复杂的市场形势，团队的不和谐会大大削弱企业应对这种复杂的市场变化的能力。如果管理者只招聘和提拔庸人下属，只会让自己部门的工作一团糟。

为什么这样说呢？原因有以下两个：

（1）管理者长时间只想如何保住自己的职位，下属能力又一般，对自己没有威胁，就会疏忽对自身能力和素质的提高，知识的更新自然就会减慢甚至停滞，其自身的素质其实很难适应新形势下领导工作的需要。

（2）下属长时间得不到领导的指导，自身积极性又不高，加之部分员工能力有限也很难做好工作，这时的结果只能有一个，就是管理者被免职。

领导不仅应尽可能地对下属进行指导和鼓励，敢于推荐有能力的下属出任管理者，敢于向兄弟部门或上级领导荐才；同时，还应努力为下属的发展创造条件，塑造每个成员都能为履行自己的职责而竭尽所能、积极向上的团队。只有这样才能保持领导的权威，更好地推进工作。

管理者完全没有必要担心下属会超过自己。俗话说，水涨船高，管理者指导和培养的下属能力和素质提高了，会促使管理者更加努力地提高和完善自己。虽然有些被动，但却是管理者保持自己的权威或向更高层职位挺进的不错选择。

◎ 让员工心中充满对工作和生活的热爱

在汉字文化中，"以人为本"的"本"，指的是"树木的根部"。"以人为本"是对人的理解、尊重和爱护，是管理学最根本的道理。也就是说，管理者要懂得爱，懂得以尊重和理解员工的方式去关心他们的成长。

世界上没有两朵相同的花，也没有两棵相同的树，每个生命都是独特的，都有着属于自己的无与伦比的美丽。同样的道理，每一个人都应该活出自己与众不同的个体价值。如果管理者能够像园丁那样欣赏下属，像园丁那样帮助他们，下属就会像花儿那样绽放出笑容。

管理者的职责就是帮助每一位员工成为最优秀的自己，让下属热爱自己的工作：

（1）帮助每一位员工选择自己喜爱的工作。

（2）为每一位员工提供一份职场示意图。

（3）为每一位员工提供做好工作所需要的材料和设备。

（4）帮助每一位员工设立明确的工作目标。

（5）当员工表现出色时，及时给予赞扬。

（6）关心员工的个人情况，而不仅仅是工作。

（7）建立"为高品质的工作而努力"的职场文化。

（8）尊重每一位员工的个体尊严和存在价值。

（9）制定一份高尚的团队使命宣言。

（10）鼓励人与人之间相亲相爱。

（11）定期和每一位员工谈论他的职业前景。

（12）关注生命成长的过程。

管理者要像园丁那样，热爱员工，理解他们，尊重他们，呵护他们，帮助他们用一种健康的心态来笑对人生。如果每一位员工都懂得如何做最优秀的自己，都热爱自己的工作，那么，一个如姹紫嫣红花园似的天堂团队，就会降临在企业。

◎ 让下属进行自我对话

众所周知，对话一般都在人与人之间进行。然而，有时候一个人的自我对话也很有意思。

人在很多时候都在进行一个人的对话。无论是在成长的过程中，还是在能够独立面对社会、生活时，人们总在不断地做出种种选择，而选择的过程就是一个人对话的过程，只是时间的长与短、简单与复杂、深刻与肤浅的程度不同而已。

一个人的对话往往是在个人私密的空间里进行的，无法与他人分享其过程，只能分享其结果。在这个过程中，有痛苦，有欢乐，有活跃，有郁闷，有走不完的黑暗，有享不尽的阳光……其中的滋味，只有身在其中的人才能深刻感受。

一个人对话，不仅反映了个人的存在和以何种方式继续存在，而且反映了社会的复杂和对大自然的认知，反映了人生的价值和价值取向。因此，丑陋的、美好的、高尚的、卑鄙的、正义的、邪恶的等种种表现都会在一个人的对话中反映出来，灵魂的升华与堕落全在个人对话的结果。

一个人的对话看起来通道顺畅，事实上也存在种种障碍，这其中有自己设置的，也有社会环境等因素造成的，这就告诉我们，人既无法摆脱自我束缚，也无法挣脱社会束缚，"人是社会的人"。

现实生活中有一种现象，一些人总希望用自己的思想、行为为他人划定行走路线，有人盲从，有人随大流，有人却在做出不一样的选择。那些盲从和随大流的人并不是没有进行一个人的对话，而是将此简单化了。那些背道而驰的人则不一样，他们是在进行深刻的一个人的对话后独自行走，尽管有时走得比较艰难，但却义无反顾并以行动来证明和坚持自己的选择。

美国有一位著名的女明星，每天早上起床后第一件事，就是站在镜子前，对着镜中的自己说："我是全世界最漂亮的女人！每个人都爱慕我。"然后，她立刻充满自信，在别人眼中果然有着不可抗拒的魅力，成为最受欢迎的女明星之一。

这种自己对自己激励的说话方式，就叫做"自我对话"。专家认为，"自我对话"具有改善情绪、增加自信的作用。毕竟只有自己最了解自己，最清楚自己的弱点，因此如果能够诚恳地与自己交谈，不断地激励、打气，自然对心情会大有助益。

现在很流行减肥，而市面上的减肥产品千奇百怪，功效不一，如果真的有需要，不妨试试既不花分文又绝无副作用的催眠式"自我对话"减肥法。只要每天对着镜子不断告诉自己："我一定可以在十天之内减掉两公斤，我一定能做到。"一直告诉自己，这种想法自然会进入潜意识，你就有足够的自信抗拒美食的诱惑而很快瘦下来。

催眠式自我对话还可以运用于许多其他的情绪困扰中，在日常生活中，可运用的层面非常广。例如，有的人很怕坐飞机，总觉得一旦上了天，自己小命就堪忧。那么在飞机起飞前，就可以如实告诉自己："我一定会平安无事的，全世界每天都有大量航班起落，大家都不在意，那我也可以轻松坐飞机。"自然就不会那么紧张了。

许多人都害怕上台，就连经验丰富的影帝安东尼·霍普金斯也承认，即使演过无数回舞台剧，他每次上台前仍会紧张。如果怯场也是你的困扰之一，就可以打一针"心灵镇定剂"。在每次演讲上台之前，一定先进行一番自我积极对话，不断地告诉自己："首先，我很高兴来到这里；其次，我很高兴见到这些观众；最后，我很高兴对观众讲这个主题，我对这个主题很有兴趣，而且非常有把握，我一定可以讲得很精彩、很受欢迎。"

经过这一番催眠式自我对话之后，立刻就会觉得自己的心情轻松了，于是就可以信心十足、高高兴兴地上讲台，高高兴兴地开讲，结果表现通常都会令自己满意。

这个方法同样也适用在其他负面情绪产生时，不论是生气、挫折、沮丧、悲伤或羞愧，都可以利用自我积极对话法，来改变想法，改善情绪，振奋精神。如果员工听到别人在背后说自己的闲话，心中很是气愤，甚至不知怎么面对大家时，就可以让他进行积极的自我暗示，告诉自己："我才不像他说的那样，我不会介意他的话，也没有必要在意他说的话，更何况，我也不该浪费时间和精力去生气。"如此，心情就会马上改善。

当下属担心自己做不好，会受到责骂时，可以让他不断提醒自己："不用担心啦！别人都做得到，我也一定能做得到。一定可以的，再说了，即使被骂也没啥大不了的。"结果就会发现，心情轻松，工作效率果然大增。

如果下属脾气不好，可以让他常在心中告诉自己："其实，我的控制能力很强，我能控制好自己的情绪，我不会乱发脾气，我能心平气和地与人交往。"经常这样积极暗示自己，不仅可以改善坏脾气，还可以增加自己的修养，培养良好的气质。

"自我对话"有着自我激励、自我催眠的效果。其中，对一个人的心性改变与意志力的培养有极大的帮助。因此，在平时的管理中，要多鼓励和提醒员工多对自己说说"好"话。

◎创造开放式学习环境

1998年，美国第一银行提出了旨在帮助员工发展职业生涯的5P原则：

个人（Person），帮助员工了解自己的特质，包含技能、价值观、兴趣等，并且知道如何综合运用这些特质，找到合适的发展方向。

看法（Perspective），员工必须了解管理者、同事等职场相关人员对自己的看法，并获得这些相关人员的意见回馈。

位置（Place），员工必须了解自己在工作中所处的位置，包括职务、公司、产业等，掌握脉动规律，了解自己需要增加哪些技能以适应不断变化的环境。

可能（Possibility），员工必须了解自己在企业的发展成长有三种方式：垂直移动，也就是升迁；水平移动，相同职级里的职务轮调；不移动，尽管职务相同，但工作内容更加丰富多元。

计划（Plan），员工必须针对以上四个方面拟订个人发展计划，决定自己需要增加哪些能力和技巧，以达到目标。

第一银行在推动这个计划之后，员工对工作的满意度平均上升了25%，离职率更是降低了 65%，间接为公司节省了 200 万美元的招聘费用。

尽管这个案例具有一定的独特性和局限性，但是对于那些苦于员工士气低落、流动率偏高的公司来说，不失为一条管理良方，毕竟相比公司不断投入资源用于招聘、训练，对现有员工从容地进行教育培训来得更为方便和划算。

对员工个人而言，通过系统的训练与发展，可以迅速掌握新的知识和技能，更好地完成公司交代的任务，实现与企业的共同成长。另外，通过学习所得的知识和技能将伴随自己一生，在整个职业生涯中受益无穷，任谁也无法夺走；这些学习成果还将不断提升员工的胜任力，增加竞争力，使其成为职场炙手可热的"香饽饽"。

对企业而言，只有不断培训员工，提升他们的胜任力，才能适应日新月异的变化和日趋严峻的挑战；只有拥有了一流的人才，公司才可能蓬勃发展，争创一流。调查显示，约有 80% 的"80 后"职场新人看重企业内部的学习成长空间。可见，系统的培训体系、良好的学习氛围，足以构成对优秀人才的强大吸引力。

杰出的企业必然会有杰出的学习环境，企业必须刺激管理者求新求变的意志，让管理者对学习环境的塑造保持正面及支持的态度。管理者必须分析员工的学习需求，强化员工的学习意愿，在部门内营造一种学习环境。

员工学习成果对工作的帮助会使他对学习产生兴趣与信心。成功的学习经验能强化学习者的再参与，形成一种对学习需求的激励因素。那么，如何来营造学习环境呢？

1. 提供适当的支持

（1）提供行政支持。例如，编制培训计划，提供培训场所，编列培训预算，配置专职负责培训的人员。

（2）配置企业内教育培训人员及内部讲师。例如，遴选优秀人员加以培训使其成为内部讲师，培训各阶段管理者，使其具备培训下属的能力。

（3）提供培训资讯和培训资源。例如，一方面，与有实力的企管顾问公司合作；另一方面，收集国内外既现代又实用的课程。

2. 鼓励创新及持续改善

（1）对培训成果做追踪评估，将员工的知识、技能作为薪资考核及绩效考核的评价项目。

（2）培养员工创新、冒险的精神。鼓励多做多错，扬弃少做少错的不进取主义。

（3）建立企业内品质改善系统。运用 PDCA 循环的概念，持续不断地成长，使人人都追求突破，追求新知识，追求新技能。

（4）将接受培训的时间进行统计，作为晋升的评价项目。

3. 充分授权，提供员工参与管理的机会

（1）让员工参与目标的设定、执行、评估与决策。通过参与管理，凸显知识与能力不足产生的需求。

（2）建立自我管理的工作意识，逐步形成自我管理的团队。

4. 确定管理者人员的角色——教练兼导师

在下属的学习过程中，管理者要发挥好自己的角色作用，例如：

（1）协助下属建立生涯规划并协助其达成规划目标。

（2）分析下属观念、态度、知识及能力的不足，并协助其成长。

（3）将下属的生涯目标、学习目标与组织的工作目标结合起来，并定期协商修订。

（4）将下属的任务指派作为学习计划的一环，在工作中学习，在学习中成长。

◎催眠式管理给员工带来的好处

对下属进行催眠式管理，不仅可以让员工告别坏习惯，还可以让下属提高工作效率；不仅可以让下属的精力更加充沛，还有利于下属的自由想象……要想激发下属强烈的取胜欲望，要想让下属拥有更加和谐的工作和生活，要想让下属更富创造性，就要对他们进行催眠！

好处一：永远告别坏习惯

催眠式管理可以让员工永远告别坏习惯，要想实现这一目的，如何对下属进行引导呢？

下面有一些暗示语专门用来帮助下属改掉自己在生活中某些不好的行为，或者用其他相对放松的、安宁的方式来代替那些坏习惯（提示：每个疗程只针对一种不好的行为习惯，只要你看到台词中的空白处，就大声地念出这种坏习惯的名字）。

◇"我爱我自己，我喜欢我自己，我相信我自己，现在我一定要停止　行为。"

◇"现在我的控制能力很强，我完全可以控制自己的行为，从而战胜不好的想法。我再也不用担心有不好的行为（想法）了，相反，我会觉得更加自由、自在、舒适。我要原谅自己之前的行为，我要给自己改正的机会，我完全能停止不好的行为。"

◇"我的行为，只是一种过去的行为模式，它是建立在过去的思维体系中的习惯，它只是我的大脑过去不断重复的一种行为模式。现在我可以借助催眠，利用自己潜意识的力量来处理并改变这种模式。我一定能通过自我催眠重复想象新的模式来改变这些旧行为、旧模式。"

◇ "现在，我要用一种轻松、愉快、自在的心态来替代原来固执的想法，改变坏的习惯。我不再因为过去的行为而感到羞愧与内疚，因为羞愧与内疚只是浪费时间。随着时间的流逝，我惊喜地发现我的自控能力越来越强，我能够有效地控制自己的行为。不再是我的习惯行为。每当我出现这些行为时，我就会高度警觉。每当我高度警觉时，就会做一次深呼吸，然后就会觉得其实我可以自由、轻松地做许多别的更有意义的事情。"

◇ "每次我有意自我控制时，都有一种非常自信的感觉，觉得自己是如此地具有控制力。我非常喜欢通过自控而达到自在、放松的成就感。我已经失去了对旧习惯的兴趣，由于我的兴趣减退与消失，我……"

好处二：变得更加果断高效

催眠式管理可以让员工的工作变得更加果断高效，要想实现这一目标，如何对下属进行引导呢？下面有一些指令是用来增强下属在工作时的果断性和有效性的，可以让他在做决定时更加自信。可以大声地朗读下面的话语，也可以在放松闭眼之后自我暗示下面的话语：

◇ "现在，我变得更加果断，从而极大地提高了我的办事效率。"

◇ "现在，我要增强自己做决定的能力，将主动权牢牢掌控在自己手中。我相信自己能够做出很好的决定。在任何工作中，我都能够十分自信地做出决定。我会更加有效地提前计划好一天的工作。我将非常从容地做出决定：该做什么事情，以及哪些事情应该在计划之内完成。我相信我自己，我喜欢我自己，我将迅速地采取行动，并一直坚持下去。"

◇ "我自豪地做出好的决定，并能够轻松简便地执行它们。一旦出现走神或犹豫，我会迅速地做出调整，并马上开始采取正确的行动。我对每个预备方案的正面和负面影响都做了深思熟虑，我做出了积极、乐观和有利的决定。我将持续专心于自己的工作，直到目标达成，感到满意为止。我再也不会怀疑自己的能力。现在，我再也不会走神，我将集中精力在自己想要完成的工作上，专心于自己的行动，走向成功！"

◇ "我看到自己正坐在办公桌前，手头上有许多材料和任务。我谨慎地安排着这些任务的先后次序，小心细致地整理着手中的材料。"

◇ "我决定先从最重要的工作开始，其他的按计划进行。这时我桌子上的电话响了。我十分礼貌地回复了电话，并且让他能够理解，我现在很忙，我将会在忙完了手头的工作后再回复他们。我挂断电话后，又专注地回到手头上的工作中来。我正在专心致志地工作。当我顺利地完成工作后，心里舒服极了，甚至还奖励自己休息一下。我用了几分钟的时间给刚才的来访者回了电话，作了简短的对话。休息过后，我的精力恢复了，我又十分果断地开始了自己的下一项工作。"

◇ "现在，我相信自己做决定的能力。我变得非常果断。我从自己的备选方案中精心地挑选各项工作，然后把它们编入计划。我能够非常高效率地面对各种工作。每天在面对各种大小不一的工作任务时，我都能够非常有效地将它们组织、排序、计划好，安排得井井有条。"

好处三：催眠使精力更加充沛

催眠式管理可以让员工的精力更加充沛，要想实现这一目标，如何对下属进行引导呢？下面有一些暗示指令可以帮下属减轻疲惫的感觉，增加日常生活中的体能和激情。

◇ "从今天开始，我做每样事情的时候都感到精力充沛，伴随着我的精力和激情与日俱增，我更加热爱自己生活中的点点滴滴。现在不管我做什么事情，我都变得精力充沛，十分兴奋。我感受到自己活得更加充实，可以在每天的活动中得到更多的满足。现在，我拥有更多的精力，它可以帮助我实现自己的理想。当我精力更加充沛时，我会觉得更加快乐。随着精力的提升，我会感到更加的健康、有活力。当我对生活更加有激情，更加积极活跃时，我对未来充满信心与希望！"

◇ "现在，我要将疲惫、冷漠的感觉扔到脑后。这样我将会变得更加积极主动、充满热情、充满活力。我将自己快乐、活跃的一面展现出来，这样其他人也会被我的积极行为所感染，从而钦佩我、喜欢上我。清晨醒来，我感到神清气爽，充满活力。在新的一天里，我将更加精力充沛。"

◇"我十分喜欢自己的身心状态，身体健康，大脑保持高度的灵敏。对于我自己真正想要做的事情，我会一直保持精力、兴趣和热情。当我变得更加精力充沛时，我的情绪也更加愉快，做事情时也更加快乐、高效。"

◇"我仿佛看到，在夜里，我一边睡觉，我的身体一边像蓄电池一样在充电，增加能量。当我第二天早上醒来时，我的身体就像充满了电的电池一样保证我精力充沛。我感觉自己好像获得重生一般，身体充满的能量向外散发着金灿灿的光芒。这让我感觉十分舒爽，精力充沛。我起来去淋浴，水柱淋在我的身上，让我倍感舒服。我心情愉快、满怀希望地迎接新的美好的一天。"

◇"早晨，我开始穿衣服，为了配合我的好心情，我特意挑了一件合适的外套。早餐时，我给自己补充了健康可口的食物，并喝了足够的纯净水。当我走出家门时，我发现自己在微笑，觉得自己是如此地充满激情、活力四射，这种感觉将会在余下的时间里一直伴随着我。"

◇"每当我醒来时，我都会比以往更加有能量。我丢掉了懒惰疲惫、冷漠低沉的想法，取而代之的是积极的、自信的、欢快的、充满朝气的生活态度。我能够感受到自己充满活力、激情澎湃的一面，我要积极活泼、快乐地活着。"

好处四：自由大胆地飞翔

催眠式管理可以让员工自由大胆地飞翔，要想达到这一目的，如何对下属进行引导呢？下面有一些暗示指令可以用来消除下属在乘坐飞机时的压力和紧张感。

◇"从今天开始，我每次在预订飞机票时，都会觉得相当放松。我期待着坐在飞机上，去感受那种放松与平静。当我坐在自己预订的座位上时，我让自己完全地放松，我可以自由地深呼吸，我可以自由看书与交谈。当机舱的大门关上后，我感觉很安全。我将会提醒自己：飞机其实是一种比汽车更加安全舒适的交通工具。坐飞机不仅更快捷，而且坐在飞机上将会比在汽车里更加安全。"

◇ "我将能够乘坐飞机到任何我想要去的地方，比其他任何交通工具更快更方便。当我决定乘坐飞机时，我将把一切关于旅行计划的焦虑感丢掉，我清楚地知道，坐飞机可以节省大量时间。现在，当我摆脱了对飞行的恐惧后，我可以毫不犹豫地给自己预订飞机票。当我决定以轻松安全的心态面对飞行时，就可以感受飞翔与自由的乐趣了。"

◇ "我想象着自己正给航空公司打电话为自己预订飞机票，我的声音非常清晰、自信。在订票的时候，我感觉很好，我明白对于长途旅行而言，飞机是最安全、最合理的交通工具。"

◇ "时间慢慢过去，终于到了我开始行程的日子。我手里拿着票，听到扩音器里正在广播。我将要搭乘的班机现在已经就位。"

◇ "在我走上飞机的时候，我看到空姐的微笑，得到了空姐热情的欢迎，我发现这位空姐十分专业，她曾经安全飞行过数百次。"

◇ "当我在机舱里找到座位时，发现脚下的垫子是如此舒服。我轻松地坐在位子上，放松身体，深深地吸了一口气。当我慢慢将气吐出来的时候，我的心境也跟着冷静、稳定下来。我热情主动地问候旁边的朋友，与他们轻松自在地交谈。当机舱的大门关闭时，我知道马上就要安全起飞了。这时我听到机长通过对讲机传来的声音，我想象着他的样子：身穿制服，一定经过了严格专业的训练，精通安全飞行之道。飞机开始起飞了，我发现自己非常放松，感到很安全，我相信我会一路平安的。"

◇ "从现在开始，我会更加轻松地面对飞机旅行。在飞机上，我吸吮着自己点的饮料，每吸一口，就会觉得更加轻松自在。我再也不会有多余的担心，也没有必要担心，我轻松体验着飞行的快乐。"

好处五：强烈的取胜欲望

催眠式管理可以让员工产生强烈的取胜欲望，要想实现这一目的，如何对下属进行引导呢？下面有一些暗示指令可以增强下属对既定目标的渴望，或者减少他对失败的惧怕感（提示：每个疗程只选择一个目标，在下面台词中的空白处需要把自己选定目标的名字指出来）。

◇ "从现在开始，我变得更加渴望实现目标。当我完成了自己的目标后，会更有成就感。当我想要＿＿＿＿＿的动机得到加强后，我会变得更加快乐和有力量。我将过上更好的生活，而我自己所定的目标将会帮助我实现。因为心中充满渴望，心中充满激情，所以我每天都会以极强行动力为实现＿＿＿＿＿目标而努力工作。"

◇ "＿＿＿＿＿这个目标对于我来说十分重要，我会采取一切必要的行动来实现它。我将全情投入到＿＿＿＿＿目标中去。我能够达成自己脑子里想要达成的任何目标，就像我现在所做的一样，通过睁着眼睛催眠自己，我增强了自己对＿＿＿＿＿的渴望。我清楚自己内心一直升腾着想要实现＿＿＿＿＿的强烈渴望。我所有的想法和感触都在围绕着＿＿＿＿＿做调整，为之服务。这种愿望一直在酝酿，现在我要让自己勇敢地去行动，去追求＿＿＿＿＿。当任何困难试图阻挡我实现自己的目标时，我就会提醒自己，我将坚持尽全力地投入到＿＿＿＿＿中去。"

◇ "我设想着自己正在按计划做着自己应该做的工作，直到目标达成。每向前迈进一步，我都会更加有激情，更加有动力。我设想着，自己顺利达成了目标，心中是如此地满足，我为自己能够始终保持旺盛的行动力迈向＿＿＿＿＿目标而努力感到自豪。我确信自己所用的时间、所做的努力都是值得和有意义的。"

◇ "每天早上起来，我想要实现＿＿＿＿＿的渴望都会变得更加强烈。我毫不犹豫，意志坚定，我清楚地知道世上没有失败，只有暂时停止的成功。所以面对自己的目标，我会非常自信、非常乐观、非常兴奋。现在，我的自信心在不断增强，我坚信自己可以顺利完成任何任务。"

好处六：更协调的工作与生活

催眠式管理可以让员工的工作和生活更加和谐，要想实现这一目的，如何对下属进行引导呢？下面有一些暗示指令可以帮助下属轻松地进入睡眠，并可以得到理想的夜间休息。

◇ "进入睡眠是一个自然的过程，任何时候，只要我感觉累了就能够很轻松地进入睡眠。我不必为了睡觉而顾虑重重。当我停止担心睡眠的时候，自己就会放松下来，如此，幸福的睡眠就会非常简单、自然、友好地向我走来。当我感到疲惫的时候，我会放下所有的紧张与焦虑感，让身体尽量地放松，然后慢慢地、轻松地进入睡眠，越睡越香、越睡越沉、越睡越舒服……"

◇ "每当我晚上躺在床上睡觉的时候，我就会做六次深而慢的呼吸，每当我呼气的时候，我就会有一种宁静、平和与放松的感觉，我会越来越深程度地放松。为了帮助自己更加放松，我利用想象来放松自己身体的每一个部分，就好像我在每个催眠疗程开始时所做的那样。我闭上双眼，静静地想象着自己正坐在海边沙滩上的一块大毯子上，温暖的阳光爱抚着我的全身，让我身体的每一个部分都得到了柔和、放松与健康。"

◇ "在我放松自己身体的同时，我的呼吸也将得到放松。这种放松让我觉得自己每呼吸一次，就会更加地放松，因此我将会自然地继续呼吸，我会从100倒着数，每数一个数字就代表一种比前次更加深入的放松，我会越来越放松、越来越沉睡……"

除此之外，催眠式管理还可以激发出员工的工作动力，要想实现这一目标，如何对下属进行引导呢？下面有一些暗示指令可以帮助下属激发出动力，从而去完成一些平常难以完成的艰巨任务。

◇ "从现在开始我将非常高效率地完成自己的每项工作。我会明确地设定一个目标，制订一个可行的计划，并按计划逐步完成它们。我将会考虑每一件重要的事情，无论是公事还是私事，我都能负责任地进行。我不再拖延自己该完成的任务。我尽力做好每一件事情，我会高效率地进行计划中的任何活动……"

◇ "每当我觉得有一些事情需要处理时，我都会很快地做出反应。不管是处理一些大事还是小事，我都会尽心尽快地去做，并且感到非常的轻松。

因为我知道自己能有效地去处理它们。在平常的生活中，我会赶紧做更多的事情。该做的事情，我都会去做……一步一步地做好每一项工作。我会把一个庞大而艰巨的任务分化成若干简单细小的部分，然后在一定的时间内，按计划逐步去完成……如此，我就可以做下一个自己喜欢的工作了！再也不用回头去想前面的任务了。"

好处七：理想的智力和健康的身体

催眠式管理可以让员工拥有理想的智力和健康的身体，要想实现这一目标，如何对下属进行引导呢？下面有一些非常好的供下属使用的台词，同时也可以用来指导减肥。

◇ "我想要去吃能够给自己身体提供充足营养的健康食物，并不用很多，适量就好。"

◇ "健康的食物是好的食物，我喜欢吃干净且健康的食物，因为从现在开始我只会选择吃有营养、健康的食物。我意识到我的身体将变得更加强壮、健康并且充满活力。这正是我所需求的——强壮、健康且精力充沛。健康、有营养的食物甚至能使我的大脑变得更加聪明，使我可以更加清晰地思考问题。选择正确的食物真的让我精力更加旺盛，更加快乐了。"

◇ "我不需要约束自己去吃适合自己的东西，这和自制力没有任何关系，因为健康、有营养的食物让我吃起来感觉很好。我会注意到自己吃的健康食物的美妙味道和口感，并且意识到它们真的很美味。"

◇ "假设现在我面对着满满一桌子堆得高高的各种各样的食物。其中一些是多油、多糖的食品，但也有一些是非常有营养的。"

◇ "我设想自己尝了一点那种多油、多糖的食品，吃起来味道挺不错的，但我发现，如果自己再多吃一点的话，就不能再吃下去了。所以我把那些剩下来的油腻、多糖的食物都扔到了垃圾桶，因为不健康的食物尝起来实在是口感太重、太油腻或是太甜了。现在我又选择了桌子上的那些健康食品，我拿了一个，这正是我所喜欢的那类，给我似曾相识的感觉。我尝了一口，真的太好吃、太健康了……这才是食品应该有的味道。"

◇ "我细嚼慢咽，充分享受自己的食物。不管吃什么东西，我都会咀嚼很多次然后才咽下，因为我知道这样会帮助自己的身体更好、更轻松地消化那些食物。我咀嚼得越慢越充分，身体就会从食物中吸收越多的营养。任何时候当我觉得吃得过快，自己都能慢慢地察觉并放慢速度。这样我可以更多地享受自己的食物，从每次的咀嚼中得到更多的回报。"

◇ "因为我得到了身体所需的营养，我发现自己自觉地只吃适合身体需求的那么多量。我不需要再吃更多，也不想吃。只要食物的分量能够满足我身体对营养的需求就可以了。吃完之后，直到下一顿之前，我就不会有胃口再吃了。"

◇ "我的身体会感谢我为它选择了正确的食物、适当的分量。我的免疫力开始变得越来越强，睡眠质量也提高了。当我醒来的时候，感到精神焕发且无比快乐。这就是健康食物给我带来的感觉，而且这也正是我所希望得到的。我只选择吃健康的、营养丰富的食品。"

好处八：创造性地解决问题

催眠式管理可以让员工学会创造性地解决问题，要想实现这一目标，如何对下属进行引导呢？下面有一些非常好的供下属使用的指令，可以激发下属的创造思维，从而解决一些实际的问题（提示：一次只选择一个需要解决的问题。每当看到空格的时候，请说出下属自己需要解决的问题或任务）。

◇ "我想到了一个创造性的方法去解决。"

◇ "我非常有创意。我相信自己有足够的能力解决任何问题。我现在开始启发自己头脑中的所有资源去寻找相关的解决方法。万事都有解决之道，也许可能不止一个解决办法。我的头脑可以用最原始的方法把自己所有的思绪都组织到一起，最终帮我找到解决的方法。"

◇ "任何问题实际上都是一种机会。这个机会让我能够去发掘自己更多潜在的智慧，来帮助解决这一问题。它是一个挑战也是一个机遇，我期待着从自己大脑和意识中组织出来具有创意的答案。答案马上就要出来了，慢慢地发现，就好像来自一潭深池，破水而出，展现出我需要的答案。我轻而易举地就能得到解决问题之道。"

◇ "我设想当我晚上去睡觉的时候，我的潜意识将会去寻找问题的解决办法，会在早晨给我带来一个非常完美的答案。这个答案可能是在自己的梦中找到的，也可能直接出现在我的脑海中；可能是晚上，也可能是白天。我知道这是我的潜意识利用了自己内在的资源找到了答案并揭示给我。"

◇ "这让我感到非常高兴，因为我知道了自己的意识和潜意识能够多么有效地互通协助，能提供给我任何需要的。不管是什么，都非常迅速且容易。"

◇ "我设想，现在自己经营着一家非常有效率的公司，而我的每一位员工都是非常有创造性的天才。他们喜欢在深夜工作。当我睡觉时，他们在工作。我的这家由天才组成的公司有一个通宵的传输系统。我下达命令让我的这些天才们去寻找解决问题的办法。我指示他们一旦找到答案，就直接报告给我。我现在有了解决的办法。"

第四章　教会员工催眠式沟通

——蒋平催眠式沟通术

◎ 催眠式沟通的目的——实用

沟通的目的就是为了获得有效的信息，最终达到说服、教育、引导和帮助他人的目的，这种沟通方式更能体现出沟通者的自身素养，并使人更易于接受。

有这样一个故事：

一艘船航行在大海中，共载有 200 人，突然碰到特大风浪，不慎触礁，船将要下沉，船长来到所有乘客面前，问道："各位朋友，我们现在遇到了大风浪，请问哪一位是可以祈祷的教徒呢？"

话毕，有一个乘客举起了手，并说："我是。"船长答道："那好，这里共有 199 件救生衣，请您为自己祈祷吧！"

各位朋友，请您试想一下，假如那位船长这样问："各位朋友，我们遇到了大风浪，200 人只有 199 件救生衣，请问，哪一位是可以祈祷的教徒呢？"那位教徒还会举手吗？可见"哪个先说"、"怎么说"比"说什么"更重要，在沟通中学会运用心理引导与暗示是非常重要的，下面向大家介绍一个心理引导的沟通方法——蒋平催眠式沟通术。

蒋平催眠式沟通术是指沟通时在充分尊重与理解对方人性特点的基础上，不断运用催眠暗示语言让处方处于愉悦、肯定、舒服、受尊重及"是"的状态，从而进入易于合作、友好与同意的状态。其精髓是在沟通时说任何话都要留意能引发对方在心中产生"是"、"对"等肯定性、同意性的语言，从而达到无反对的效果。

蒋平催眠式沟通术又叫无反对沟通技术，具体实用的方法有寒暄式、合作式、"十个字"沟通术等23种沟通方法。当我们在工作和生活中巧妙运用这些沟通术时，你会发现沟通竟然如此容易。

◎ 蒋平寒暄式沟通术

所谓寒暄式沟通，是指进行交流沟通的双方刚见面时的打招呼及客气话。在这一阶段，沟通成功的诀窍是善于运用具有催眠作用的寒暄语言赞美对方。

（1）赞美的目的是打开对方的心扉，去掉其防备心。

（2）具有催眠暗示作用的寒暄赞美语言。最简单、最直接、最有效的"沟通"语言就是两句话："我最佩服你这种人"、"我最欣赏你这种人"。

（3）赞美时要说出佩服与欣赏的理由。赞美的内容可以包括气质、性格、能力、相貌、身材、肤色、所处的环境、用的东西、穿的衣服、地点、行为、说的一句话、工作态度、敬业精神、与他有关的人和事，尤其是新近的变化等。

说出佩服、欣赏的理由时，要因人而异，对症下药，不能捕风捉影，更不能无中生有。但可以适当突出某一点，也可以适当地幽默诙谐。

对待漂亮女性，可以说"你真漂亮"；若长得不漂亮，则可以说"你的皮肤真好"；对不漂亮、皮肤也不好的人，可以说"你真聪明"或"你很有气质"、"你很善解人意"、"你很勤快"、"你很有同情心"。

对待男性，可以赞美说"你很帅气"或"你真高大英俊"、"你很有领导力"、"你很大度"、"你很有风度"、"你真热情"；对什么优点都没有的人，可以赞美他"你的笑容真好"、"你真爱国"、"你很遵守交通规则"。

◎ 蒋平合作式沟通术

在交流沟通的过程中，为促进对方合作，应注意运用以下具有催眠暗示作用的语言：

1. "哦，那没关系"

在沟通的过程中，当对方讲出一些负面、消极、反对、否定性信息，不利于建立合作关系时，可立即说出"哦，那没关系"加以回馈。也就是说，只要对方不同意我时，我就立刻说："哦，那没关系。"

说出"哦，那没关系"有以下几个效用：

（1）可以避免负面信息影响自己的心情，避免进入消极的心情状态，始终保持着理智、良好的心理状态。

（2）可以将负面信息弱化，有利于将对方从负面的心理定势中引导出来。

（3）有利于进一步的交流，也利于事情向好的方面转化。例如，你请人帮忙做一件事，对方说："对不起，我没有时间"，你可立即说："哦，那没关系，等一会再说吧"，也可说："哦，那没关系，再看看吧"；又如，你向同事借一件东西，他说："对不起，我正在用"，你可立即说："哦，那没关系，一会再说吧"，也可说："哦，那没关系，你先用吧"。

2. "哦，那太好了"

在沟通的过程中，当对方讲出一些正面、积极、同意、肯定性的信息，有利于建立合作关系时，就应当立即说出"哦，那太好了"加以回馈。也就是说，只要对方同意我时，我就立刻说："哦，那太好了。"

说出"哦，那太好了"有以下几个效用：

（1）可以将对方积极正面的信息与感觉加以放大，进一步强化对方积极的心理定势。

（2）可以起到重复强化的作用，使对方积极正面的表示得到强化，变成明确的"承诺"，不会再改变。

（3）可以促使自己感觉更好。例如，只要他人向你做出积极表示，向你承诺或者是同意你时，你都应该立即给以回馈："哦，那太好了。"

3. "你讲得很有道理"

在交流沟通的过程中，只要对方指责你、批评你或者是反对你时，你都应当立即说出"你讲得很有道理"，"你的意思是……"同时讲出自己的观点。

说"你讲得很有道理"有三个作用：

（1）让他有被肯定的感觉，减少他心中积压的对抗性能量。心理学研究表明，当一个人被肯定后，其行为与态度的攻击性就会明显减弱。

（2）在沟通中用友好肯定的态度会换取对方友好肯定的态度。

（3）运用肯定的话语，引发他在心中做出"是"的反应，进入同意与肯定的状态。

说"你的意思是……"有两个作用：

（1）说到他心里去了，引发他在心中进一步做出"是"的反应，进一步进入同意与肯定的状态。

（2）说出了他的意思，让他感觉被理解了，促发他愿意理解你的状态，进而愿意听你的观点。

同时讲出自己的观点的作用：

用"同时"代替用"但是"作为转折词，比较温和，比较不容易引发对抗，易于让对方听进去你的观点。

4.“你这个问题问得很好”

在交流沟通的过程中，不管对方问什么问题，哪怕问的是“白痴”性的问题、“攻击”性的问题，你都应该说：“你这个问题问得很好，你是问我……是吗？”同时回答他的问题，或者不回答他的问题，而反问他一个问题……因为你与对方交流的目的，不在于要求对方的水平有多高，而在于赢得对方，使对方最终与你达成共识。

说“你这个问题问得很好”有三个作用：

（1）让他有被肯定的感觉，使他处于“是”的状态，进入肯定性状态。

（2）使他放下“戒心”与“敌对意识”，产生“你与他是一伙”的感觉。

（3）你同意了他，更容易引发他同意你的意见，从而利于达成共识、促进合作。

◎ 蒋平“十字”沟通术

在日常的沟通交流中，通过习惯于说“请”、“谢谢”、“对不起”、“辛苦你了”等具有催眠暗示作用的十个字来促使对方进入舒服、友好与合作的状态。

1. 请

在人际交往中，如果用命令、指示等口气与人沟通交流，往往会引起对方的反感，引发无声的抵抗，并容易引起争执与不和睦。如有些“领导者”、“警察”、“教师”因职业习惯而形成说教、命令、挑剔、指使等说话习惯，回家后，如果不注意自己的说话方式，在与家人的相处中，就容易造成家庭关系的不和谐。

在人际沟通中习惯于说"请"字，让对方有被尊重的感觉，会条件反射地打开心扉，进入友好状态，因而易于接纳你的观点，易于轻松愉快、不知不觉地按照你的要求去做。一个人不仅要在单位等正式场合多说"请"字，即便是在夫妻之间、母子之间、母女之间、师生之间以及同事之间等也应当多用"请"字，只要你有心，常说"请"字，你的沟通效果与人际交往关系都会有大的改善。

2. 谢谢

"谢谢"二字，虽然是十分普遍的礼貌用语，但是一切人际交往高手都从中获得了极大的益处。"谢谢"是一种对他人行为的肯定，是对他人友善行为的奖励，也是一种对他人的感激。而"肯定"、"奖励"与"感激"都能使对方心情愉快，打开交流与交往的"心扉"，促进彼此进一步地友好相处。

说"谢谢"的最重要秘诀有两点：

（1）哪怕对方对你的帮助与支持是极其微小的，你都要及时地多说"谢谢"。

（2）哪怕是你委托对方办最简单的事，也应当反复不断地说"谢谢"。如此，他就会有被尊重的感觉，从而尽力为您服务。

3. 对不起

"对不起"是一种歉意与谦虚，是一种勇于承认自己错误的表现，更是一种对对方的尊重。"歉意与谦虚、认错及尊重可以顾全对方的面子，使对方产生好感。"对不起"可以化解人际交往中的敌意和误会。"对不起"还可以使对方宽容友好地对待你，产生"你敬我一尺，我敬你一丈"的效果。

说"对不起"最重要的秘诀有三点：

（1）将"对不起"形成口头禅。

（2）交往中哪怕自己没有错，也应该经常说"对不起"。

（3）在与他人的交往中要习惯于检讨自己的过错，多想可能对他人造成的危害或麻烦。

例如，当一个人开会迟到了，如果找借口说："街上人实在是太多了，车又挤又堵，没办法，所以迟到了……"其他人听后的反应通常是："真讨厌，迟到了还说这说那，找借口。"相反，如果直接说："对不起，实在是对不起，让大家久等了。"此时，其他人不但没有怨言，反而会为你找借口："没关系，那肯定是人太多、堵车了。"

4. 辛苦你了

"辛苦你了"既是一句客套语，也是一种对他人付出的感谢、尊重与积极认同。一个人得到感谢、尊重与积极认同后，他就会心花怒放，"心扉"就会打开。一句"辛苦你了"可以起到"好话一句，做牛做马都愿意"的效果。因此，在人际交往中要常说"辛苦你了"，既可以润滑人际交往的氛围，也可以使他人心甘情愿地帮助你，为你服务。

说"辛苦你了"的要诀是：

（1）将"辛苦你了"形成口头禅。

（2）对方所做的好事，哪怕很不起眼，也应当随口多说"辛苦你了"。

（3）在委托他人办事或他人有可能即将为你办事时，你都应当及时不断地重复说"辛苦你了"，以便悄悄地强化和暗示对方认真办事的行为。

值得一提的是，在实际的交往与沟通中，若能将"请"、"谢谢"、"对不起"、"辛苦你了"等语言有机地结合起来运用，就会起到更好的交往效果，轻松自在地使他人"心服、口服、行动服"。

◎ 蒋平求证式沟通术

沟通时应尽量避免你说我听或者我说他听的单向沟通，应注意双向交流、提问与求证，要检查自己所说内容是否被对方正确理解，要求证自己所理解接受的内容是否正确全面。下面通过两个小故事来帮助大家理解。

故事一：

有一个人面容憔悴地对医生说："我每天晚上都睡不好，窗外有只野狗整夜叫个不停，我简直要疯了！"于是，医生给他开了安眠药。

一个星期后，那个人又去找医生，看上去比一星期前更加疲惫。医生问他："安眠药无效吗？"那位病人没精打采地说："哎，我每天晚上都去追那些狗，可好不容易捉到一只狗，它却怎么也不肯吃安眠药。"

故事二：

张三、李四、王二麻子三人流落到一个荒岛上，幸运地遇上一个神仙并向其求救。神仙见状就对他们说："我可以满足你们每个人一个愿望，你们要什么呢？"张三说："我要回家。"神仙说："好。"于是，一拍手就将张三变回家去了。接着，李四说："我要去美国。"神仙同样一拍手将他变到美国去了。然后，王二麻子说："我的愿望是见到他们俩。"

话音一落，神仙一拍手将张三、李四都变回来了。张三、李四不满地问神仙："你不是要满足我们每个人一个愿望吗？怎么又把我们给变回来了呢？"神仙无可奈何地指着王二麻子说："因为他想见到你们俩呀！"王二麻子辩解道："不对啊，我是想见到他们俩，但并不是说一定要把他们变回来呀。"神仙理亏地说："好，那我们重来。"于是又两次拍手将张三、李四给变走了。

神仙问王二麻子："你有什么愿望呢？"王二麻子说："我想见到他们

俩。"神仙又问道："你是不是要把他们变回来呢？""不是呀，你可以把我分别变到他们那里去呀。"王二麻子答道。说完，神仙一拍手先将王二麻子变到张三处，然后再次拍手将王二麻子变到李四处。

由此可见，多问一句，向对方求证确切意思，并验证自己理解的内容是否准确是非常有必要的。

◎ 蒋平递进式提问术

在沟通中针对某一件事情，通过一步一步递进式的提问，来引导对方的回答，逐步朝着自己所期望的方向发展。如：

（1）你想请一个人帮忙时，可以这样递进式提问：

问："吃过了吧？"答："吃过了。"

问："现在不忙吧？"答："不忙。"

问："现在能帮个忙吗？"答："可以。"

（2）你想搞清楚敏感问题时，这样递进式提问：

咨客："我有一个不好的习惯！"蒋平："哦，能简单说一下吗？"

咨客："早上睡懒觉，不想起床。"蒋平："能简单说一下吗？"

咨客："……但就是起不来。"蒋平："你感到很苦恼吧？"

咨客："对，很苦恼。"蒋平："这个习惯，你觉得不好，对吧？"

咨客："对，是不好。"蒋平："你是不是不愿意别人知道呢？"

咨客："嗯！"（同时点头同意）蒋平："这个习惯与个人的情感有关吧？"

咨客："对！"蒋平："不少人都有这个习惯，你明白吗？"

咨客："明白！"蒋平："没关系，即便是与性有关，也没有什么大不了的，对吧？"

咨客："嗯！"（点头同意）蒋平更进一步提出更具体的敏感问题。

咨客点头，默认。

◎ 蒋平"绝对化"沟通术

通过提问让对方的错误观点绝对化，明显露出谬误，让其自觉感到"物极必反"，从而向相反的方向转化，改变其错误的观点。例如：

（1）他说："他实在是可恨极了！"

蒋平："你的意思是他坏透了，一点优点都没有，是吗？"

他说："那也不是。"

蒋平："那请问他有什么优点呢？"

（2）他说："我真不愿和他在同一个办公室，实在是没办法跟他相处，我一定要离开他。"

蒋平："你认为你绝对不可能处理好跟他的关系吗？"

他说："不是绝对，但是很难！"

蒋平："很难，还是绝对不可能呢？"

他说："很难！"

蒋平："很难，就不是绝对不可能，对吧？"

他说："对！"

蒋平："那怎样才能与他相处好呢？"

……

（3）他说："我不能原谅他！"

蒋平："难道你绝对不能原谅他吗？"

（4）他说："我无所谓。"

蒋平："难道你绝对无所谓吗？"

……

◎ 蒋平暗示沟通术

通过隐含指示的暗示性提问，来使对方按照自己的建议与要求去思考和行动。暗示性提问不容易引起对方的反抗，容易被对方所接受，例如：

（1）您下一步要怎样做呢？（暗示他一定会做，只是怎样做的问题）

（2）您同意我的哪一点呢？（暗示至少有一点他是同意的）

（3）现在，你手头很紧吗？（暗示，他手头不是很紧，应借钱给我）

（4）他说："我讨厌极他了。"

蒋平："您觉得怎样才能不讨厌他呢?"（暗示他可以不讨厌）

（5）他说："我要和他分开坐。"

蒋平："你觉得在什么样的情况下，才可以不分开坐呢？"（暗示他不一定要分开，并将他引导到不分开坐方向）

他说："除非他做到……"

蒋平："假如，他做到……就可以不分开坐，对吧？"

他说："那还差不多。"

（6）"你认为怎样才能好起来呢？"（暗示他会好起来，只是方法问题）

◎ 蒋平恍惚式沟通术

通过提问让对方进入得意恍惚及十分投入的类催眠状态，然后再引导他往自己所期望的方向走。

（1）把他引导到过去："你过去最得意的事情是什么呢……其实你仍然

会成功。"

（2）让他惊讶，如"哇！你真的是这样想吗？开玩笑，开玩笑，你一定不会这样的，你一定会……"

（3）将他带到未来，如"想一想，你去那个班以后，大家都欢迎你，你很高兴会是什么样子呢？你一定会……"

（4）让他即刻体验，如"能告诉我，睡得很死是什么样子吗……对！你一躺下，就会这样睡得很死。"

（5）给他痛苦，让他逃避："你甘心忍受这种生活吗？你愿意将来和七八个人共用一个卫生间吗？想一想，你能忍受吗？显然，你只有发奋读书，才能避免这样的悲惨生活。"

◎ 蒋平假如式沟通术

通过"假如……"句式提问，将对方回答问题的方向，转移到积极和有利的方面来。例如：

（1）她（一位女士）说："我一定要离婚！"

蒋平："假如不离婚，需要哪些前提呢？"

她说："除非他天天晚上回家，每月把工资交给我。"

蒋平："假如他能做到这些呢？"

她说："那可以考虑不离婚。"

蒋平："假如他愿意按照你的要求改变，同时也希望你做一些对你和家庭都有好处的改变，你愿意吗？"

她说："愿意！"

蒋平："假如，你愿意改变，那你觉得你需要从哪些方面改变呢？"

她说："我要先改变对他的态度。"

蒋平："假如,你们都能有一些改变,你愿意跟他和好吗?"

她说:"愿意。"

(2)学生:"我不想参加晚会。"

蒋平:"假如要你参加晚会怎么样呢?"

学生:"除非他们不要我表演。"

蒋平:"假如他们不要你表演,你愿意参加晚会吗?"

学生:"愿意。"

蒋平:"你真的愿意吗?"

学生:"是!"

蒋平:"很好,他们不要你表演,假如你自己主动要求表演会怎么样呢?"

学生:"我不会要求表演的。"

蒋平:"假如你表演又简单,又没有压力,又很受欢迎,又能锻炼能力的节目,好不好呢?"

学生:"好。"

蒋平:"假如要做到这样,怎样才行呢?"

学生:"除非我准备好了。"

蒋平:"假如你能准备好,那你要从什么时候开始准备呢?"

学生:"现在。"

蒋平:"很好,现在就开始准备吧,你一定会成功的!"

学生:"谢谢!"

(3)学生:"我想自杀!"

蒋平:"假如你不想自杀,会怎么样呢?"

学生:"除非把我的问题解决了。"

蒋平:"假如你的问题解决了呢?"

学生:"问题解决了,我就不想死了。"

蒋平:"那你要解决什么问题呢?"

学生："我要解决……问题。"

蒋平："你看这样……行不行呢？"

学生："行！"

◎ 蒋平归谬式沟通术

当对方观点错误而不自觉时，可以通过提问将他的错误观点发展下去，显得极其荒谬，帮助他反省到自身的错误与荒谬，从而放弃自己原来错误的观点。例如：

疑心者："上课时，我很不自在，因为后面的同学都看我的头。"

蒋平："你的意思是，后面的同学老盯着你的头看，对吧？"

疑心者："对。"

蒋平："他们不看黑板，看着你的头，对吧？"

疑心者："是！"

蒋平："他们始终看着你的头，不想上课，是吗？"

疑心者（犹豫后答道）："他们想上课。"

蒋平："他们看着你的头，一刻也不看老师吗？"

疑心者："嗯……不，不会吧！"

蒋平："他们只想看着你的头，不想学习，不想上课吗？"

疑心者："不是。"

蒋平："他们是想上课，还是想看着你的头呢？"

疑心者："想上课。"

蒋平："那他们还会老是看你的头吗？"

疑心者："不会。"

◎ 蒋平读心式沟通术

读心式沟通就是在沟通中让对方觉得你很了解他心思的沟通术。大多数人都不太愿意与陌生人及不了解自己的人打交道，因此，让对方认为你很了解他，可以促进他对你的信任，有利于彼此间的配合。

在生活中，在与别人的交流中，要多了解别人，要多站在别人的角度考虑问题，还要多观察对方的衣着、表情、举止、语言方式甚至抬脚动作等。除此之外，还要善于提问对方，提问得当也可以让对方感到你很了解他。

让对方认为你很了解他的提问应注意以下几点：

（1）问对人人都合适的话，例如：

"我看你是个很想成功的人，对吧？"

"我觉得你像个尽量关心自己健康的人，是吧？"

"你不是一个不讲道理的人，对吧？"

"你不是那种能被人轻易说服去买一些自己不需要的东西的人，对吧？"

"你不是一个重钱不重身体的人，对吧？"

（2）进行"公理性"提问，讲对人人都是真理的判断，例如：

"你想有一个快乐的生活，对不对？"

"你在尽量地做好自己的事情，对吧？"

"你对存钱感兴趣吗？"

"你对快速提高业绩是有兴趣的，对吧？"

"你想，若是再便宜一些就好了，对吧？"

（3）说话时要充满自信，显得早就很了解他。

（4）所有的提问都应该让对方在心中回答"对"或者"是"。

◎ 蒋平冻结式沟通术

冻结式沟通术,是指通过提问将对方的回答悄悄地冻结限定在某些特定的、我所期望的范围内。例如:

(1)"请问小姐,您要哪一件衣服呢?"(把对方限定在"要"上,只是选择哪一件的问题)

(2)"您喜欢哪一种款式呢?"(把对方限定在"喜欢"上,只是选择哪一款的问题)

(3)"先生,茶、可乐、咖啡,你要什么呢?"(不论对方回答要哪一个,都是我所期望的,都在我设定的范围内)

(4)学生:"我很苦恼,简直是太麻烦了!"

蒋平:"你认为怎样才能使你高兴、开心起来呢?"(把对方限定在"高兴与开心"上,只是怎么样才能高兴与开心)

(5)"请问你是要今天做,还是明天做呢?"(暗示他一定会做,只是今天做或明天做的问题)

(6)蒋平:"假如你要买,还要做哪些准备呢?"(暗示一定会买,只是做何种准备的问题)

学生:"我想放弃!"

蒋平:"你认为解决的办法有哪些可能呢?"(暗示不用放弃,将精力放在解决的办法上来)

(7)学生:"我没办法解决了。"

蒋平:"你认为别人解决的办法有几种呢?"(暗示是有办法的)

(8)"你是晚上做作业,还是下午做作业呢?"(把对方限定在"做作业"上,只是何时做的问题)

◎ 蒋平解冻式沟通术

解冻式沟通术是指通过提问将对方的死决定转变成活决定。例如：

（1）来访者："我不能原谅他。"

蒋平："你不能原谅他的理由是什么呢？"

（2）学生："我不感兴趣。"

蒋平："在我说明白之前，你完全有理由不感兴趣，我可以要你说一说不感兴趣的理由吗？"

（3）学生："我就是这么想（看）的。"

蒋平："有道理，×××以前也是这么想（看）的，他也跟你一样聪明，不过他现在（后来）改变想法了，其实只要你愿意，你完全可以做一个新的决定，对吧？"

（4）学生："我不感兴趣。"

蒋平："我对你的'不感兴趣'很感兴趣，你可以说一说原因吗？"或者"我可以问问为什么吗？"

（5）学生："我不信。"

蒋平："不信？我倒是很少见过，能说说你的理由吗？"

◎ 蒋平接转话题沟通术

接转话题沟通术，是指通过接转话题提问对方一个新的问题，以便将话题引导到其他方面，引导到自己所需要的方向来。接转话题的提问技巧有以下几点：

（1）"好的，你说得好……"句式，如"好的，你这一点说得很好，下面介绍一下你的学习情况，好吗？"

（2）"从你讲的，我想到……"句式，如"从你刚才讲的情况，我想到这样一个问题……不知你是怎么看的呢？"

（3）"有道理，你有没有想过这样的问题……呢？"句式，如"你讲得确实有道理，不过你有没有想过这样的问题……呢？"

（4）"赞美后转移"，如"你的数学成绩真棒，可不可以谈一谈你的语文成绩呢？"

（5）"用注意词转移"，如"哎！那个问题怎么样了？""瞧！这个是怎么回事？"

◎ 蒋平敏感问题沟通术

敏感问题沟通术，是指在想了解某人的敏感问题时，为了不危及信任和友好关系，不引起对方反感，而采取"我不知道句式"或一些模糊性语言或中性陈述句式及动作来提问对方。

1. "我不知道……" 提问句式

例如：

（1）"我不知道你结婚没有？"

（2）"我不知道你有多少存款？"

（3）"我不知道你以后有何打算？"

（4）"我不知道能否借用一下你的工具？"

（5）"我不知道你的家庭情况如何？"

（6）"我不知道你是否喜欢我？"

（7）"我不知道你的成绩排名？"

（8）"我不知道你的个人问题如何？"

2. 模糊性提问句式

用模糊语言提问，温和地让对方自觉自愿地发表自己的看法。例如：

（1）"可能你对他并不了解吧？"

（2）"大概你认为她有一些特殊的问题吧？"

（3）"或许你知道一些内情？"

（4）"也许你不感兴趣吧？"

（5）"你讲不讲都差不多吧？"

3. 中性提问

中性提问就是提问时不做道德、法律是非上的判断，以避免刺激对方。例如：

（1）对婚外恋者，不要问"你为什么会偷情呢？"也不要问"你是怎么看待婚外恋的？"而应当中性提问"你是如何看待婚姻情感变化的呢？"

（2）对偷窃者，不要问"你为什么要偷呢？"也不能问"你怎么能偷呢？"而应当中性提问"你做了些什么呢？"

（3）对露阴癖者，不能问"你不认为这是很丢脸的吗？"应当中性提问"你不认为这样会给你带来一些法律上的麻烦吗？"

（4）对待打架的人，不要问"你为什么要打架呢？"而应当中性提问"今天上午你发生了什么？"

（5）对考核不合格者，不要问"你为什么考核不合格？"而应当问"你考核的情况如何？"

4. 在配合运用语言停顿、语调上扬下抑、眉毛上挑、手势上抬等体态语的同时说出一些简短的疑问单词

(1) "嗯？……"（表示怎么是这样呢？再说说看吧）

(2) "什么！……"（显得惊讶不理想，请再说说看）

(3) "哪里？……"（表示不对吧！再说说看）

◎ 蒋平封嘴式沟通术

封嘴式沟通术，是指在沟通中用提问说出对方可能存在的反面意见，让他感到"对，我正要这么说，我就是这样想的"，将他的反对意见在没有说出口之前解决掉，以避免他出现公开的反对。例如：

(1) "你觉得题目太难了，对吗？"（他会在心里说：是啊！）

接着，你可以说："其实情况是这样的……"

(2) "我忽视了什么吗？"（他会在心里说：是啊！你忽视了……）

接着，你可以说："其实情况是这样的……"

(3) "我还有一些没说清楚，是吗？"（他会在心里说：是啊！你没有说清楚……）

接着，你可以说："唉，对不起，我没有把这件事说清楚，其实情况是这样的……"

(4) "以你的生气程度，你真想揍他一顿，对吧？"（他会在心里说：是啊！）

接着，你可以说："其实情况是这样的……你还可以有更好的选择……"

(5) "你不想参加培训班，是吗？"（他会在心里说：是啊！）

接着，你可以说："对不起，我没有把培训的事讲清楚，其实情况是这样的……"

（6）"你想打退堂鼓，对吗？"（他会在心里说：是啊！）

接着，你可以说："你有你的道理，其实情况是这样的……"

◎ 蒋平直接提问式沟通术

直接提问术，是指对事关重大的问题或紧急问题应采取直截了当的提问方式。

直接提问主要有以下三个方面的作用：

（1）尽早发现问题，解决反对意见。问题发现得越早，就越容易解决。

（2）会增强自己的自信心。

（3）可节省探寻问题的时间，提高沟通的效率。

直接提问的形式主要有以下两种：

（1）问直接性问题，例如：

"任务完成了没有？"

"计划书写好了没有？"

"文件下发了吗？"

"煤气阀关好了吗？"

"你的反省与总结什么时候能交上来？"

（2）直接反问式沟通，例如：

"难道你真的没有办法了吗？"

"难道你一点都不能妥协吗？"

"难道你真的控制不了自己吗？"

"难道自杀是你唯一的选择吗？"

"难道你和她分手就一定不能振作吗?"

◎ 蒋平统战式沟通术

统战式沟通术,是指通过征询式提问、关心式提问来统一思想步调,拉近感情,从而悄悄地说服对方。统战式提问有两种方式:

1. 征询式提问

(1) 通过征询意见式的提问,来统一思想、赢得对方的支持。说服的高级境界就是劝说别人接受他自己的观点,按照他自己的想法去做。

(2) 人自发地去行动的前提是人的自主性得到尊重,当人的自主性受到威胁时或是受了强迫时,人就会自发本能地抵抗,拒绝对方的说服。

(3) 通过提问征求意见,让对方的自主性得到尊重,就可以将你的意见传递给对方,让对方不自觉地觉得你的意见就是他的意见,因此,就容易悄悄地说服对方。如"大家看,下午布置会场几点钟开始好呢?""大家看,这场球我们怎样布阵呢?"这样就容易调动大家的积极性,你引导大家做出的决定变成他们自己的决定,因而更容易得到贯彻。

2. 关心式提问

先以关心的口吻提问,拉近感情、统一战线,再提问其他事,就容易达到沟通的目的,例如:

甲:"今天很累了,是吧?"

乙:"还好。"

甲:"今天做了不少事吧?"

乙:"还可以?"

甲："不知你现在是否有时间？"

乙："有。"

甲："能一起出去帮帮忙吗？"

乙："好。"

◎ 蒋平陌生提问沟通术

陌生提问沟通术，是指在与陌生人交往时运用以诚相见、渐进自然的提问方式进行沟通。与陌生人交往，提问是一个很方便的手段，但是要注意以诚相见与渐进自然。

1. 以诚相见的提问

与陌生人讲话时，要以诚相见，先敞开自己内心世界的大门，先将自己的本来面貌"亮"给对方，先自我暴露，同时友好地微笑，给人以这人很容易相处的印象，这样就容易赢得对方的信任。

2. 渐进自然的提问

与陌生人交往时，在开始阶段，要注意避开一些麻烦和深层次的问题，应当从简单的问题开始提问，例如：

（1）先进行简单的聊天，如"亚运会开始了"，"今天天气凉快多了"，"又有一个贪官被抓了"。

（2）再寻找共同话题建立信任和谐的关系，根据对方的话语或自身的特点来提问沟通。如"您这件衣服真好看，在哪里买的？"

（3）然后再自然地提问，如"对不起，可以看一下您的手表吗？""您是蒋教授吗？久闻您的大名。""可以请教您一个问题吗？"

3. 陌生沟通提问的禁忌

（1）对陌生人，不要轻易问他的收入、住址、业绩、名次、去哪里以及他的储蓄等情况。

（2）对陌生的女性，不要轻易问她的年龄、婚否等。

◎ 蒋平评定式沟通术

评定性沟通术，是指根据提问过程中对方回答的内容及表达的情况来了解评定对方的人品、能力、生活及学习态度等个人情况。例如：

（1）"请谈谈您的兴趣与爱好？"

（2）"不知道你怎么看待婚外情？"

（3）"请说说您有何特长与不足？"

（4）"请您谈谈对学习的看法？"

（5）"不知道你怎么看待领导的这个决定？"

（6）"不知道您怎么看待捐助失学儿童的问题？"

（7）"您怎么看待骗过您的人？"

（8）"您为何辞去现在的工作？"

下面请看一则应聘故事：

有一家企业在招聘人才时，有三位大学学历的人员去应聘，应聘中的对话情况是这样的：

第一位应聘时的对话如下：

招聘者："请问你有没有女朋友？"

应聘者："没有。"

招聘者："以前追过女孩吗？"

应聘者："追过，但是没有追到。"

招聘者："现在打算追女孩吗？"

应聘者："现在不打算，先发展事业，待事业有成时再考虑。"

招聘者："对不起，我们公司不能录用你。"

应聘者："为什么呢？"

招聘者："因为你既缺乏公关能力，容易放弃，又缺乏自信。"

第二位应聘时的对话如下：

招聘者："请问你有没有女朋友？"

应聘者："有。"

招聘者："你女朋友长得漂亮吗？"

应聘者："一般，不漂亮。"

招聘者："对不起，我们公司不能录用你。"

应聘者："为什么呢？"

招聘者："因为你不符合我们公司的审美要求，我们公司是经营艺术品的公司。"

第三位应聘时的对话如下：

招聘者："请问你有没有女朋友？"

应聘者："有。"

招聘者："你女朋友长得漂亮吗？"

应聘者："长得很漂亮。"

招聘者："她是你的初恋吗？"

应聘者："是的。"

招聘者："对不起，我们公司不能录用你。"

应聘者："为什么呢？"

招聘者："因为你缺乏不断追求的进取精神。"

各位亲爱的读者，听过这个故事之后，你有什么看法呢？那个招聘者的看法不一定是正确的，但是他通过提问来了解对方的能力、人格及生活信念的做法是有借鉴意义的。

◎ 蒋平交友式沟通术

交友式沟通术是指，在与陌生人交朋友时，通过有礼貌和逐步深入的提问，来自然地搭上话，并逐渐变得亲热起来。

1. 从赞扬对方开始搭讪

（1）"您的衣服样式真好看，请问是在哪里买的呢？"

（2）"您的发型真特别，请问是在哪里做的？"

（3）"您看上去很像一个高官，是吗？"

2. 从公共话题开始搭讪

（1）谈天气："今天天气真热，可能有三十几度吧？"

（2）谈经济："房价最近又涨了吧？"

（3）谈电视："今晚有《学生心理训练》节目吧？"

3. 以求教问题搭讪

"您好，可不可以请教您一个专业问题呢？"

4. 以问时间提问

"请问，现在几点钟了？谢谢！"

5. 以帮助对方搭讪

对方身上有小树叶，可提示他："这里有片小树叶。"

6. 用无中生有的话题搭讪

（1）"啊，好像在哪见过您啊……"

（2）"啊，您长得真像我见过的一位领导！"（或老师、熟人、企业家、总经理、英雄、名人）

◎蒋平会议发言沟通术

会议发言沟通术，是指在会议当中从不同角度运用一些技巧来进行提问。

1. 向全体提问法

会议开始时，应限定题目，交代背景，以创造一个令大家能自由发言的气氛。不能含糊地问："大家有什么意见吗？"而应当说："请大家就×××问题发表自己的意见。"

2. 指名提问法

对发言少的人或比较清楚情况的人，可以直接点名提问。如"蒋宇，你对这个催眠问题很有研究，请说说你有什么看法？"

3. 接力提问法

在会议上，可以先预告发言接力的顺序，让会议参加者在别人发言时，积极做好发言的准备。

4. 手指指向确定法

当大家都不愿意先发言冷场时，可以请大家都伸出右手食指，然后喊一、

二、三，请大家各自用右手食指指向自己所期望先发言的那个人，指向某一个人后，指向的动作不要动，然后统一点数，被指向人数最多的那个人先发言，然后再按照顺时针的顺序依次发言。

5. 联想提问法

例如，"秦老师，何老师，蒋宇是这个意见，你们怎么看他讲的观点呢？"

◎ 蒋平确定式沟通术

确定式沟通术是指在需要弄清楚问题的确切情况时，通过封闭式提问将对方的回答封闭在特定的范围内，让对方准确回答"是"或者"不是"。例如：

"秦远老师，您今天晚上一定会来吗？"

"这件事是不是你做的？"

"这个培训班你参加还是不参加呢？"

"你要选择分手还是要选择和好呢？"

"你是对他不满意还是对自己不满意？"

"你是想成功还是一定要成功呢？"

"你是今天努力一下子，还是要持续努力下去？"

"你是说要行动，还是要真的行动？"

"你是愿意这一次考试成功，还是愿意高考时成功呢？"

"你是想放弃还是觉得有困难？"

"你是对他不满意，还是……"

第五章　别让你的员工太郁闷

——用催眠式管理给员工做最好的"精神按摩"

◎从"一根稻草的重量"说起

英国《金融时报》的专栏作家菲斯·科勒尔通过大量调查研究，得出如下结果：在英国有500万人感觉工作压力"非常大"或"极大"，与压力有关的多种问题让各机构每年耗资3.7亿英镑。大约40%的上班族面临着较大的工作压力，60%的人正经历着不同程度的心理疲劳。

毋庸置疑，压力在一定程度上能够转化成动力，但过强的压力则可能会让人们在工作时无精打采、精神恍惚；一旦压力与能力反差太大，执行者就会承受不了，效率也会越来越低。管理者要尽最大可能地减轻员工的压力，给他们营造一个轻松、愉快的工作环境。

这里有一个关于"一根稻草的重量"的故事：

有一个希伯来商人让他的骆驼驮了很重的货物，他对同伴炫耀说："伙计，你瞧我的骆驼多能干啊！"同伴说："伙计，你的这匹骆驼是很能干，可它也已经驮到极限了，你看它的腿在哆嗦呢！我敢保证，如果再加一根稻草，就可以把这个可怜的家伙压垮了。"

商人很不服气，说："尊敬的伙计，你也太小瞧我这匹骆驼了，你看它威猛无比，我就不信一根稻草能将它压垮。"同伴说："那就见证一下吧。"说着，同伴捡起一根稻草，往骆驼背上轻轻一放，这匹精疲力竭的骆驼果然轰然倒下。

也许这个商人早已是个钵满盆盈的富翁了，但他从来没有关心过这匹为他带来财富的骆驼，只是一味地让它干活、干活、再干活，永不停息。如果企业的管理者也像这位商人一样，怎么能称得上是一位称职的管理者呢？

有些管理者经常会语重心长地对员工说"公司好了，大家都好"，可是，到底怎样才叫"好"呢？什么时候才能好呢？当企业真的"好"的时候，又给过员工什么呢？又给过员工多少呢？

管理者常常微笑着说"加加班，辛苦一下"，可是，除了几句期许的话，除了拍拍员工们的肩膀以示激励和倚重之外，管理者还表示过什么呢？管理者考虑过自己正在占用员工们与亲朋相聚的时间吗？

管理者总是殷殷期望地说"要以公司为家"，可是，管理者给过员工们家的温暖吗？履行过作为员工"家人"的责任吗？

对于大多数管理者来说，这些"鼓励"的话语并不是出自真心。事实上，作为管理者，压力一点也不比员工少，而且面对的问题更多、更复杂。企业在市场上一经出现，它的兴衰荣辱实际上既不以管理者也不以员工的意志为转移，市场不相信眼泪，对企业的要求永远都是客观的，它需要企业以适当的成本给客户提供满意的产品、足够的市场份额……这一切都对企业管理者造成了巨大的压力。

而激烈的市场竞争和随时被淘汰的危险，更是管理者难以承受之重，这些问题都是管理者希望员工们"努力、努力、再努力"的出发点。但是问题在于，基于这种出发点的时候，作为管理者，你能否考虑员工所承受的压力极限呢？

故事中的那匹骆驼，它的压力已经到了极限，如果再施以压力，得到的结果只能是事与愿违，不但自己的压力没有缓解，员工也被压垮了。也许对于管理者来说，这些都不是问题，甚至会不屑一谈，做出一副嗤之以鼻的样子，然后下出这样的定论：他们不过是我的下属，我不使唤他们使唤谁？

管理者从未将员工当作自己事业上的真正同盟，他们和你的关系还仅仅停留在管理者与被管理者的层次上，管理者要做的仅仅就是略施一点权谋之术或画下一张张诱人的馅饼，在自己和员工之间构筑起一道虚幻的朋友和家人的关系网，让他们忠诚、忠诚、再忠诚，付出、付出、再付出。

既然如此，员工又有何理由受管理者所谓的讲究集体利益、忠诚、吃苦和奉献之类的企业文化的蛊惑与驱使呢？也许有些管理者会说，我给了他们就业的岗位，给了他们锻炼的平台，给了他们养家糊口的机会！难道还不够吗？

这并不是什么好的理由！因为，在现实讲究双向择业的环境下，"东家不打，打西家"和"此处不留爷，自有留爷处"，早已被管理者逼成了员工们的口头禅。如果管理者还紧紧抱着前述思想，那么很难留住那些高素质、高技能的人才。

那位只知道使用骆驼，却不爱惜骆驼的商人，终究没能挽回骆驼的生命，因为他只知道给骆驼加压，却不知道骆驼的需求是什么。又想让骆驼跑，又不给它吃草，天下哪有这样的美事？

◎ 压力之下，难见动力

大多数人比较认同的一种说法就是，有压力才有动力，其实这种说法并不一定正确。决定一个人有没有动力或者动力有多大的核心因素并不是压力，动力并不是被压力逼出来的。

让我们来看一个真实的故事：

有一家通信公司为了对员工实施严格的管理，在办公室安装了八个摄像头，从各个方位对员工的一举一动进行全天候监控，目的在于监视员工的工作情况，有没有工作开小差，有没有迟到早退现象等。

本来工作压力就很大的员工更觉气愤，认为公司严重侵犯了他们的隐私权，要求公司拆除这种并不人性的监视系统，公司领导一口回绝了员工的请求。

刚开始的时候，的确收到了明显的效果，迟到早退的现象明显减少了，也没有人开小差了，看起来工作效率也上去了。可是春节以后，十几个骨干技术人员集体跳槽到另一家公司。老板慌了，立即拆除了严重影响员工情绪的摄像头，但为时已晚。

这家通信公司自作聪明，弄巧成拙，把好端端的人才拱手让给了对手，真是莫大的讽刺。稍微有点头脑的人都应该清楚，这样的方式根本无法改善员工的工作态度，只会适得其反，增加员工的心理压力，让员工对领导层充满敌意，除此之外，无一益处。

在这个越来越重视员工关怀的时代，管理者依然愚昧地实施"不见棺材不落泪"的晕招，员工能快乐起来吗？本来，很多人都认为自己的工作就是付出，付出当然不会快乐，如此多的摄像头会给员工施以太大的压力，压得员工连喘息的机会都没有，何谈工作动力呢？

如果在工作中缺乏了动力因素，员工的工作主动性，即创造力和变革能力就会丧失掉，他们会变得一味只会执行命令，而没有自己的想法。员工没有活力给企业带来的直接影响就是这个企业的整体创造力、革新能力都会受到损害。

员工麻木工作，发现问题的敏感度就会降低。即使出现了问题，员工发现不了或是发现了也不反映，如此，企业对问题发现的敏感度自然随之降低，企业的风险就会大大增加。同时，员工会把这种不快乐归咎到企业身上，或者认为自己付出的和企业给予的不成正比。这种不快乐会使他们和企业在情感和利益上都形成一种恶性的对立关系，企业怎么会不出问题？

◎从氛围上帮助员工自我放松

有这样一个故事：

小洲今年25岁，是一家 IT 公司的销售员。到公司上班后，他一直觉得公司的工作环境有点压抑。刚到办公室时，同事们都埋头盯着自己的电脑，想跟同事说会儿话彼此熟悉一下，大家却都不怎么聊得开，没聊几句，就又继续做自己的事情了。小洲想，同事们的工作态度也太严肃了吧，话都不说几句。

小洲的工作是谈业务、见客户、签合同，在外的时间比较多。一天，小洲见完客户，回公司处理一些事情。事情处理完后，还没到下班时间，就边浏览新闻边跟朋友聊 QQ。老板不知道什么时候已经站到他身后，幽幽地说了一句："年轻人，把时间放在工作上。"小洲解释说："工作处理好了，就放松一下。"老板嘴角微微上扬，眼光变得有些强硬，盯着小洲的电脑屏幕。小洲只好关掉网页，把明天见客户的资料拿出来，老板才转身离开。

过了十几分钟，实在没事做，小洲看到旁边的同事盯着数据资料一动不动，就凑近同事，攀谈起来，说不到两句，老板就走出办公室，同事赶紧坐回原位，继续盯着屏幕。

从那天之后，小洲大概明白了为什么工作环境有点压抑。老板只要不出差，就会在办公室待着。他的办公室跟其他员工的办公室只隔着一块透明玻璃。每隔十几分钟老板就会出来"散步"，脸上看不出什么表情，眼光先扫视各个角落，扫视完后开始"巡视"，一个座位都不放过。

小肖是公司的前台，如果不用接待客户，其他上班时间就要坐成一尊雕塑，思想都不知道游到哪里去了。小肖不敢开 QQ，不敢听歌，老板十几分钟就过来看一次。被抓到之后，老板就会说："发工资不是请你来听歌的。"走的时候还会对她翻白眼。

王小姐30多岁，跟小洲同一个部门。刚来的时候，王小姐在空余时间看了一下购物网站，老板发现后，当着其他同事的面，把王小姐"教育"了半个多小时。老板说她业务水平不突出，还有时间看别的网站，吓得她再也不敢了，做完事情就发呆。

老板在的时候，同事们就这么死气沉沉的，大气都不敢喘一声。一天上午，同事一听到老板出差的消息，原本毫无生气的办公室一下子沸腾了，小洲第一时间冲进老板办公室，把老板的音响开很大，保证办公室每个人都能听到。

放完一首，同事还轮流点歌。办公室的七个副总也在一旁跟着大家乐，其中一位副总还要求点一首Ke$ha的《Blow》，听完《Blow》，副总才出去见客户。忙完手里的活，有些同事还特意去买了瓜子、水果，一边听歌一边聊八卦，开起了茶话会，音乐一直开到下班。

作为公司管理者，要给员工提供一个轻松的工作氛围，如此才有助于员工的工作。如果公司规定工作时间不能做其他事情，任何利用上班时间做跟工作无关的事情都是不对的。但是如果在工作时间，员工还有多余的时间来做其他事情，说明管理者把当天的工作安排得不合理，这不是员工的问题，是管理者让员工有多余的时间做其他事情。

要想让员工把上班时间都用在工作上，管理层就要让员工的工作量饱和。但是，要让员工的工作效率更高，管理人员就要给员工一些放松的时间。

举一个很通俗的例子：很多养鸡场都会给鸡听音乐，这样鸡肉就更加美味，原因就是听音乐的时候鸡处于放松状态。同样音乐也能使人处于放松状态，对工作的排斥感减小，能够有效地提高工作效率。所以，管理中宽严要适度，不能一直压抑员工。

◎娱乐式工作，让人乐此不疲

1. 改善工作环境和条件

随着现代化进程的加快，人们的办公"硬件"水平逐渐提高，同时对办公环境的要求也越来越高。现代职场人抱怨压力太大，除了要处理烦琐的工作外，还要处理与上司、同事之间的关系，办公室环境对工作效率的影响也越来越大。如何改善办公环境成了管理者最关心的问题。

员工成长是一种行为，作为成长主体，必然要靠员工自己来完成。实际上员工成长不仅要靠员工的个人素质，还要有一个良好的成长环境。良好的环境可以帮助员工降低成长的难度，使得员工获得尽可能快的成长速度，同时，通过改善环境，可以增强员工对企业的忠诚度，使员工对自己未来的成长更有信心，学习工作的动力更足，更容易得到成长。

从企业的角度看，员工的快速成长可以让企业看到员工的潜力和成长后的丰厚回报，让企业愿意投入更多精力、物力和财力，促进员工成长；员工看到了企业对自己的认可和回报预期，会更加努力工作……如此就能形成良性循环，形成一个双赢的局面。

员工是企业最活跃的因素，是上层建筑，是企业发展的根基，是企业发展的支柱，是企业创新的源泉。员工的成长离不开环境，优秀的人才要能够发挥所长，也需要良好的成长环境和一个使其能够发挥的舞台。企业要为他们营造一个成长和发展的良好环境，特别是软环境建设，努力实现员工与项目的双赢局面。

（1）营造良好的学习环境。良好的学习环境能够激发员工的工作能动性，让员工自觉投身项目建设中，跟上项目成长的步伐。特别是刚离开学校的年轻人，来到了一个完全陌生的环境，往往会很茫然。如果简单地用岗位职责去要求他们，会给他们带来很重的心理负担，欲速则不达。

如果将项目变作员工培训的基地，通过传帮带的形式为新员工创造一个快速成长的环境，并通过各类业余培训提升员工知识和技能、通过布置论文、组织研讨的形式，组成各种员工兴趣小组，既可增进员工间的交流，又能形成良好的学习氛围，使员工快速成长。

（2）优化人才创业环境。项目施工是一个完整的生产链条，需要各式各样的人才，管理者要努力发现员工的优势，将合适的员工放在合适的岗位上，并调动他们的积极性，让他们最大限度地发挥作用。

管理者用人时，要放大员工的优点和特长，给他们一个展示的舞台，让每一个优秀的员工都能展示出自己的才能，给他们更大的发展空间。

（3）建立公平的竞争机制。首先，要给下属交任务、压担子，通过让他们承担更多的任务或工作，使他们在工作的过程中得到锻炼、经受考验，增长才干，崭露头角。

其次，要建立绩效优先的人才评价机制，制定衡量人才的标准，把品德、知识、能力和业绩作为选拔人才的标准，本着公平、公正、平等、择优的原则，鼓励员工勤奋学习、勇于奉献，投身于企业建设。

最后，要建立顺畅的人才上升通道，促进人才的有序竞争。每个人都希望达到更高的层次，胜任更高的岗位，企业应根据人才的种类建立不同的发展途径，使得人人都有发展进步的空间。

（4）净化员工成长环境。员工成长的关键是要营造一个良好的软环境，在人才选拔上一定要避免任人唯亲，论资排辈的机制，堵住庸碌怠惰之人的钻营之路。

许多部门都有这样一种人，不仅自己不干事、干不成事，还见不得别人干事，更受不了别人干成事，总是在私底下搞小动作，破坏别人干事。这种人无见贤思齐之心，有嫉才妒能之意，对能干事、干成事之人横挑鼻子竖挑眼，冷眼相看，冷语相加，飞短流长，竭尽讽刺挖苦、造谣诬陷、打击中伤。

这种人不仅会因自身的无能危害单位，还会极大地破坏优秀人才公平竞争的环境，破坏竞争的公平性，消磨掉员工积极向上的工作热情。

2. 实行弹性工作制

在弹性工作制下，员工在完成规定的工作任务或固定的工作时间的前提下，可以灵活地、自主地选择工作的具体时间安排，代替统一、固定的上下班制度。

和传统的固定工作时间制度比较起来，弹性工作制有着很显著的优点：

（1）弹性工作制对企业或组织的优点主要体现在：

1）弹性工作制可以减小缺勤率、迟到率和员工的流失率。

2）弹性工作制可以增加员工的生产率。

研究发现，在所调查的公司中，弹性工作制使拖拉现象减少了42%，生产率增加了33%。弹性工作制可以使员工更好地根据个人的需要安排工作时间，并使员工在工作安排上能行使一定的自主权。员工更可能将他们的工作活动调整到最具生产率的时间内进行，同时更好地将工作时间同他们工作以外的活动安排协调起来。

3）弹性工作制增加了工作营业时限，减少了加班费的支出。

（2）弹性工作制对员工个人的优点体现在：

1）员工在工作时间有了一定的自由选择，可以按照自己的需要自由作息，上下班可以避免交通拥挤，免除了因担心迟到或缺勤所造成的紧张感，并能安排时间参与私人的重要社交活动，便于安排家庭生活和业余爱好。

2）由于员工感到个人的权益得到了尊重，满足了社交和尊重等高层次的需要而产生责任感，提高了工作满意度和士气。

弹性工作制的主要形式有以下几种：

（1）建立自主型组织结构。在这种组织结构中，为了改善工作组织，组织建立弹性工作制，可以由员工自主决定工作时间，决定生产线的速度。资料显示，德国有25%、瑞典有20%、美国有15%的工作场所实行这种弹性工作制。

（2）工作分担方案。该计划允许两个或更多的人来分担一个完整的全日制工作。例如，企业可以决定一周有 40 小时的工作，由两个人来分担。其中一个人上午工作，另一个人则可以下午工作。

（3）临时性工作分担方案。企业用临时削减员工工作时间的方法来对付临时解雇员工的现象。例如，为了同事不被解雇，400 名员工愿意每人每天只工作 7 小时，每周拿 35 小时的工资。

（4）弹性工作地点方案。只要员工能够完成单位指定的工作任务，以电子通信为手段与单位沟通，就要允许员工在家里或在离家很近的其他办公室完成自己的工作。

（5）选择弹性工作时间。欧洲一些企业规定，员工可以在第一年过完六个月后，选择下一年每个月愿意工作的时间，使员工更灵活、更自由地处理个人事务或进修学习。例如，一个全日制工作者可以选择下一年每个月工作173 小时。再比如，一个希望平均每个月工作 110 小时的员工，可以在一月工作 150 小时，而在二月只工作 60 小时，剩下的时间可以去滑冰等。

（6）核心时间与弹性时间结合。企业可以决定，一个工作日的工作时间由核心工作时间（通常为 5 小时）和前后两头的弹性工作时间组成。核心工作时间是每天某几个小时所有员工必须上班的时间，弹性时间是员工可以自由选定上下班的时间。例如，公司规定每天的工作时间为 8 小时，核心工作时间可以由上午 9 点到下午 3 点（午餐 1 小时除外），而办公室的实际开放时间为上午 6 点到下午 6 点。在核心工作时间内，所有员工都要来到工作岗位；在核心区段前后的弹性时间内，员工可以任选其中的 3 小时工作。

（7）工作任务中心制。公司对员工的劳动只考核其是否完成了工作任务，不规定具体时间，只要在所要求的期限内按质量完成任务就照付薪酬。

（8）紧缩工作时间制。员工可以将一个星期内的工作紧缩在 2 ~ 3 天完成，剩余时间自己安排。

◎ 压力的另类"催眠式"释放

释放一：在"恍惚"中多想美事

压力和紧张感主要来自一个人的心理作用。所以，试着改变下属的心态非常重要。

两个青年到一家公司求职，经理把第一位求职者叫到办公室，问道："你觉得你原来的公司怎么样？"求职者面色阴郁地答道："唉，那里糟透了。同事们尔虞我诈，勾心斗角，部门经理粗野蛮横，以势压人，整个公司暮气沉沉，生活在那里令人感到十分压抑，所以我想换个理想的地方。""我们这里恐怕不是你理想的乐土。"经理说，于是这个年轻人满面愁容地走了出去。

第二个求职者也被问到这个问题，他答道："我们那儿挺好，同事们待人热情，乐于互助，经理们平易近人，关心下属，整个公司气氛融洽，生活得十分愉快。如果不是想发挥我的特长，我真不想离开那儿。""你被录取了。"经理笑吟吟地说。

一味抱怨的悲观者，看到的总是灰暗的一面，即便在春天的花园里，他看到的也只是折断的残枝，墙角的垃圾；而乐观者看到的却是姹紫嫣红的鲜花，飞舞的蝴蝶，自然他的眼里到处都是春天。

保持良好的精神状态，才可以远离悲观、消极。客观事物是不变的，变的是一个人对环境的观感，只有善用乐观心态，才可以在职场上发挥潜能。每天大清早起床，要让员工为工作做好准备。拥有了良好心态，自然会感到精力充沛；相反，不管做什么，消极的心态都会觉得不畅顺。

在漫长的职场生涯中，员工总会遇到一些工作上的挫折。以不同的心态面对挫折，便会产生不一样的效果。也许大家都听过："失败乃成功之母"、

"在哪里跌倒，就在哪里站起来"等至理名言。不过，在现实环境中，有些人却无法再站起来，究竟为何？

良好积极的心态会让下属觉得，跌倒是一次崭新和学习的机会；消极的心态会让下属认为跌倒是"倒霉"。只有拥有积极的心态，才能让下属保持高昂的斗志，消极心态只会令下属终日怨声载道。

能够保持良好的职场心态，可以让下属在挫折中找到自己的优点。其实，每个人身上都蕴藏着无法估计的能力，只是不懂得加以发挥。只有遇到挫折，生活受到巨大的打击时，才能够唤起潜藏的能量。所以，要让下属感激在工作中遇到的挫折，保持良好心态。即使遇到挫折，也不要产生一种失败者的感觉。

对于同一件事情，抱着不同的心态处事，便会产生不同的结果，这也就是大家熟悉的半杯水的故事：桌上放了半杯水，心态积极的人会说："还有半杯水，挺好的!"但心态消极的人却说："只有半杯水啊!"

每天上班时，要让下属把焦点集中在那些令自己开心的事物上。环境本身并不能令人快乐或不快乐，只有个人对环境的反应，才能决定他的感觉是好还是坏。任何想法都改变不了已经发生的事实，真正影响下属心情的，是他对待这些现实的态度。只要有自己喜欢的理由，就可以保持良好的心态继续工作。

释放二：让"意识退位"——开怀大笑

日常生活中，很多员工都会表情严肃地穿梭于办公室之间，不堪重负的样子让人觉得可怜。其实，面对工作的压力，有效的职场减压并不是特别困难的事情，只要员工心里有减压这种意识，甚至采取另类方法让自己脸上有轻松的笑容，也许就会感到由衷的愉悦了。

常言道："笑是世界上最好的良药。"研究发现，在完成艰难任务或面对尴尬局面的时候，笑可以降低压力水平，降低心率，保护心脏健康。在专业笑疗师的指导下学习释放压力的"减压笑"，不管是疯狂大笑，还是微微露齿，只要是发自内心的，都可以在笑声中释放压力。

大笑是一种比较好的情感宣泄方法，在释放心理压力、缓解不良情绪方面其效果比大喊要明显。在进行大笑锻炼时，会很自然地联想起让自己非常开心的事情，这样就能在不知不觉中使自己的大笑由被动变为发自内心的主动，这实际就是一种情绪的转移，引导着自己撇开不良心理。

此外，人在放声大笑时必然深呼吸，这也恰好应和了瑜伽锻炼中的呼吸要求，对提高机体血氧含量、缓解疲劳有较好效果。再者，大笑会自然促进腹肌、膈肌和肋间肌的运动，不仅可以增进身体血液循环，还能刺激肾上腺素的分泌，对提高身体兴奋性、摆脱不良心理也有良好作用。

要让员工主动笑，人为地制造快乐。当员工感到最无助、最低落的时候，可以强迫自己采用这种方法。做出笑脸，保持2分钟。只要是真心笑，情绪就会高涨，感觉会变得好起来。即使员工原来并不想笑，也会感觉到快乐。

需要注意的是，在进行大笑锻炼时，最好对着镜子看着自己的表情或在无人场合下专注练习，还要大胆放声笑出来，同时集中精神想着高兴的事情，一天练习至少两次，每次3~5分钟，经常锻炼就会见到效果。

微笑不仅有益身心健康，也是十分有意义的。

微笑不用花费任何成本，但却价值千金。

微笑虽然只持续数秒钟，却可以给人一种永恒的温馨。微笑是一种友情，微笑是一种善意。微笑给予沮丧者以抚慰，使心灵疲惫者如沐春风，给失落者以鼓励，让苦难者重拾信心。微笑是一种友情、宽容、尊重与鼓励。出生时，所有人都对你微笑，只有你在哭泣；而你去世时，所有人都在悲伤，只有你在微笑。

微笑是盛开在脸上的美丽花朵，也是内心里温暖的太阳！微笑不是自发产生的，而人是可以选择它的。痛苦是一种选择，快乐是一种选择，微笑也可以是一种选择。你选择痛苦，你就会痛苦；你选择快乐，你就会快乐。你可以整天愁眉苦脸，你也可以保持灿烂的微笑。

心灵是你自己可以做主的地方，天堂可以变成地狱，地狱也可以变成天堂。

释放三：让"心灵自在"——信手涂鸦

为什么一支笔落到手里，我们就喜欢不停地用它随意涂抹？"这是一种发泄的方式，"心理学家弗朗索瓦·絮尔热说，"涂鸦能把我们从压力和各种情绪中解放出来。"

有些员工的动作完全是下意识的：员工摊开笔记本准备记下老板的训话，却觉得索然无味；或者苦思冥想广告策划……这时候，出现在员工面前的纸张，便成了可供思想信马由缰的草场。各种图案在员工笔下奔涌而出，就像马儿飞驰掠过的一道道风景，奇幻，美妙，又不可言说。

其实，涂鸦也是一种情绪发泄方式！是在完成心中的"未完事务"，是在释放心中压抑的情绪能量。如果稍加留意就会发现，在我们创造出很多文字的同时，也创作了很多"美术作品"。电话记事笺上，报告书草稿的背面，孩子作文本稿纸的旁边……这边是一堆十字，那边是一个方格……甚至是更加稀奇古怪的图案。这些"画作"不拘一格，五花八门。

从儿童时代开始，我们就都是信手涂鸦的高手，但这跟艺术家气质没什么关系。笔迹学家茜尔维·谢尔梅·卡洛伊说："涂鸦和图画的共同之处是都有一些抽象的形式。但涂鸦完全是下意识的，没有绘画时的美学目的，也不是想用来展示的。"涂鸦是随意而为，看起来毫无价值，很多人不但不会保留它们，反而还会把这些纸片从书桌上清走，扔进垃圾桶。其实，涂鸦是很有心理保健意义的。

下面是心理学家弗朗索瓦·絮尔热和笔迹学家茜尔维·谢尔梅·卡洛伊对收集到的一些涂鸦作品所做的分析。

（1）栅栏：它给人一种阻隔的印象。这个人可能忍受着压抑与痛苦，觉得不自在或者受拘束。但也可能是这个人很出众，但自己却想躲避起来，自我保护。

（2）星号或星星：表示一种想闪耀、想散发热量的欲望。但如果分叉过多而且离开了星星的主体，也可能代表一种溃散的感觉。

（3）锯齿：这是侵略性的象征，既可能是积极的表达——代表着斗志昂扬激进向前的想法；也可能是消极的表达——代表着怨恨或者恼怒的情绪。

（4）圆圈：这是一种自我封闭的信号，它表达情绪化、敏感和寻找安全感。

（5）单词周围加框：这是一种肯定和信心的表达。但也可能显示了一种完美主义的担心，或者一种想战胜别人，战胜自己的愿望……它的意义跟用笔在单词上重复描的动作很相似。

（6）堆起来的立方体：像砖墙拔地而起一样。这幅画显示出一种有条不紊的精神，一种前进向上的意愿或者一个正在形成的意愿与打算。

（7）箭头：指向一个方向，它也体现了一种企图心，如进攻性、侵略性、愿望等。例如，给箭头加上尾翼或者给箭头加尖的程度可以反映出表现的力度有强有弱。另外，箭头的方向不同，其含义也是不一样的：箭头的方向指向高处——表示指向别人；箭头的方向指向低处——表示指向自己；箭头的方向指向左——表示指向过去；箭头的方向指向右——表示指向将来……

（8）格子：黑白相间，这种相反力量的对抗与环环相连意味着犹豫不决，寻找自我，或者表示要迎接一种重要的挑战。

（9）迷宫或螺旋：它表现了心烦意乱、迷失自我的情绪，带有一种或大或小的找寻方向的意愿。从图画的走向上表示出来：从左到右，象征着一种非常谨慎的往前走的态度；反过来则表示出一种留恋在过去和需要向别人敞开心扉释放压力的尝试。

这些涂鸦又有什么作用呢？涂鸦不仅能让人放松、兴奋，还可以帮助人们集中精力，它们的作用有点像"抽烟"。可以肯定的是，信手涂鸦这种情况会随着年龄的增长而减少，甚至消失。但是，这会不会又失去了一种乐趣呢？

"信手涂鸦总是表明我们在某个特定时段的精神状态。"弗朗索瓦·絮尔热说。弗朗索瓦·絮尔热曾是肢体语言方面的专家，也是第一个关注这些涂鸦的心理学家。他与笔迹学家茜尔维·谢尔梅·卡洛伊一起，提出了涂鸦经常出现的四种心理学背景。

会议：是在被动地听。在没有可能或者不愿意发言的状态下，你接受了那些信息并且下意识地通过写写画画来表达你的同意或者不满，并作出回应。

谈话：尤其是打电话时。写写画画有助于厘清思路，圈定框架和限制，或者确定目标与重点。主要是通过几何形状、画框或者加着重线来表达。

隐言：表达生气，恼火，欲望……涂鸦可以表达所有你不允许自己向对方表明的事情或情绪。

独处：在办公室或者接待室，思绪天马行空的时候，涂鸦变成了跟自己对话的一种方式，它相当于一种自言自语。这些独处时的涂鸦经过分析，肯定可以让我们更了解自己，如担心、优势、需要。

释放四：让"心灵单调重复"——网上发帖子

传媒发展到今天，网络俨然已经成为大众传媒的主要手段，网络的信息传播速度快，大众参与程度高，任何人都能参与到传播中来。

随着网络传播的出现，话语权从少数精英回归大众，再不是大众被动接受的年代了，对于信息的发布，不再有固定的监管渠道，各种真假信息充斥网络。所以，在传统媒介时代，很多员工利用网络的随意性宣泄着自己的感情。现实世界的压抑情感被无限释放到网络上，被人们分享也被人们评议。宣泄者得到了释放的解脱，评议者宣泄着对事件的感受。

最近一段时间，梁小玲工作不太顺利，对老板常常要求自己加班非常不满，但是一时之间又不能辞职。为了发泄，梁小姐就时常到网上把自己的怒气和无奈发泄出来。发泄过后，自己的心情就好多了。

论坛、博客、贴吧，媒介提供了许多新的心灵出口，是社会发展大潮的推动，也是传媒自身发展的产物，没有好与坏之分，当代人只能身在其中看其发展，见证传媒的发展。目前，网上悄悄地出现了一种叫"发泄吧"的地方，这种发泄吧专门供承受压力的白领发泄自己的怒气，释放压力，吸引了许多网友在上面留言。

今天，宣泄感情的需要成就了传媒向更高的方向发展，网络宣泄，只是传媒给大众提供了一个心灵的出口。

在一个叫白领 E 族网的发泄吧里，贴满了发泄的字条，上面有着对工作、感情、生活的种种不满。

一个署名叫"阿玲"的人留言说："说好一个月有两天假，老板就是不让我休息，搞得现在和男朋友都闹了矛盾，一个月都见不了一次面，好郁闷！打工的滋味真不好受，挨骂还要忍受相思之苦。"

有些员工在工作、生活中受了委屈却不敢发作，有些问题又不好和别人说，只好找个地方把这些问题骂出来，刚好知道有这个网站，自己偶尔不快时也会上去把心里的不快写出来，贴上去后就觉得心情好多了。

这是一个有创意的发泄方式，这种发泄方式肯定对员工释放压力起到一定的作用。员工没有时间外出活动，偶尔到网上去发泄一下，也是可以理解的，不过宣泄一定要有个合适的度，如果网页上都是骂脏话，看起来很不雅。

网络的匿名性让人们得到了一种宣泄后的快感。不过，网络发泄吧的存在有利有弊。网络世界里的虚拟性、隐蔽性，使人们不需要带着人格面具去生活，可以在网络上把现实生活中压抑了的本性部分，通过网络发泄出来。

网络情绪发泄方式，对于员工的情绪舒缓确实是有利的，可以舒缓他们的心情。可是，如果经常采用网络发泄、网络上肆意谩骂这种方式，有可能会让这种特质固化成了性格的一部分，不但让员工缺乏对存在问题处理方法的深入探讨，也会影响其今后的人际关系，形成人际交往中的障碍。

释放五：让"心灵自主失控"的灵通疯言疯语

人的心理问题其实都是因为心中有"未完事务"——未表达的愤怒、未表达的攻击性、未被认可的想法、未表达的悲伤、未实现的渴望以及各种压抑的情绪。"未完事务"会让人的思维出现紊乱、焦虑，甚至于会变态。

在问题较轻时,人会出现担心、兴奋、激动、话多、行动多;稍重时会出现焦虑、恐惧、狂躁;严重时或时间久了后,会出现麻木、压抑、强迫、抑郁与精神分裂;精神病人的疯言疯语其实在被动地自我释放"未完事务",是在进行自发的自我拯救。释放"未完事务",有利于人的精神恢复正常。生活中许多心理有问题的人在大发雷霆、哭诉之后,心理症状会得到一定程度的缓解,其实,这就是释放"未完事务"的结果。

深圳市灵通心理科学研究所的心理督导专家蒋平在长期的心理临床实践中发明了一个心理保健方法——"灵通疯言疯语法",这种简单的心理保健方法经大量的实践证明有很好的心理保健效果。

具体的做法是:在一个空气清新、安全无人的地方,衣着宽松,站立放松,宁心静气,面无表情,自然而然地站立,无思我想,静静地等待内心的感觉或内心的声音出现、静静地等待内心自在的感觉与思维自发地发生,当自发的感觉与语言出现时,就顺势发出来、说出来,不加以任何控制,不管这些感觉、想法与语言有多么不正常、不道德,都要自在地、疯狂地、连续地说出来,用自主"疯狂"的语言、语速原始地表达出自己的欲望、愤怒、痛苦、悲伤与攻击性,在"疯言疯语"的同时,可以让自己的身体也进入一种自发动的状态,可以无拘无束地、自发地做出任何自在的动作,沉浸在心灵与身体的"自在"之中,尽情地"疯言疯语"、尽情地自发动。直到压抑的"未完事务"能量得到很大程度的释放。一般情况下每一次可以做10~15分钟。

所说的"疯言疯语"可能是平时讲不出口的话语,也可能是不道德的话语,还可能是骂人的不文明用语,这些都无须管控。在"疯言疯语"的过程中,也可以偶尔加进一些积极正向的话语,例如,疯疯地说"我肯定会好起来,我肯定会好起来,我肯定会好起来……"、"坚强!坚强!坚强!……"、"我很好!我很好!我很好!……"、"勇敢!勇敢!勇敢!……"、"加油!加油!加油!……"、"我好了,我好了……"、"算了,算了……"、"我不在乎你,我不在乎你……"、"过去了,过去了……"、"我会越来越好,我会越来越好……"、"大人不计小人过，大人不计小人过……"、"我能行，我能行……"。一般来说，做过灵通"疯言疯语"的练习之后，人都会变得更轻松、更愉悦……

释放六：积极心灵宣誓

在给员工开会或者做动员讲话后，可以经常带领员工做积极的心灵宣誓，下面给大家介绍深圳市灵通心理科学研究所的心理督导专家蒋平在演讲与心理训练中常用的灵通积极心理宣誓词：

一是灵通心理《把快乐的权利还给自己》宣誓词：

"我不能决定生命的长度，但是我可以决定生命的宽度。我不能左右天气，但是我可以改变心情。我不能改变容貌，但是我可以展现笑容。我不能控制他人，但是我可以把握自己。我没能做好昨天，但是我可以抓住今天。我不能样样胜利，但是我可以事事尽力。"

二是灵通心理《积极微笑》宣誓词：

"微笑不用花费任何成本，但却价值千金。微笑是盛开在脸上的美丽花朵，也是在内心升起的温暖太阳！微笑虽然只会持续数秒，但却可以给人一种永恒的温馨。微笑是一种友情，也是一种善意，微笑是一种包容，也是一种尊重。微笑给予沮丧者以抚慰，让心灵疲惫者如沐春风，给失落者以鼓励，让苦难者重拾信心。你出生时，所有人都对你微笑，只有你在哭泣；你去世时，所有人都在悲伤，而只有你在微笑。微笑是一种友情、宽容、尊重与鼓励，微笑更是一种无与伦比的力量，我要让微笑永远挂在脸上。"

三是灵通心理《自主心态》宣誓词：

"美好的生活应该是时时拥有一颗轻松自在的心，不管外在的世界如何变化，自己都能有一片清静的天地，宁静地思考未来。我爱我自己，我喜欢我自己，我相信我自己，我掌控我自己。痛苦是一种选择，快乐也是一种选择。你选择痛苦，你就会痛苦。你选择快乐，你就会快乐。心灵是我自己可以做主的地方，天堂可以变成地狱，地狱也可以变成天堂。只要我不愿意，没有人能让我痛苦，只要我愿意，无论发生什么事情、什么痛苦、什么挫折，我都可以平静地面对，我都可以用最智慧、用最有效的行动去化解危机、创造辉煌！"

四是灵通心理《灵通思维》宣誓词：

"重要的不是发生了什么，而是如何使事情从现在开始向好的方向发展！当我感觉很好的时候，其实没有我想象的那么好。当我感觉很糟糕的时候，其实也没有我想象的那么糟糕！讲道理不如重效果！沟通的效果不在于你说了什么，而在于对方听到了什么。当我觉得别人伤害了我时，我也要想一想自己的某些行为是不是也曾经伤害了对方。我牢记保持心理健康的灵通思维五句话：不好中有好；现在不好将来好；这方面不好那方面好；反复持续摆脱不掉的就说它好；长期反复持续努力得不到的就说它不好。"

第六章　塑造企业的同心圆

——催眠不相信直觉就是不承认人性

◎LOGO：小标识，大作用

作为现代经济产物的 Logo，起源于希腊语 Logos，有"理念"的意思。不同于古代的商铺印记，现代 Logo 还承载着企业的无形资产，是把和一家企业有关的综合信息传递给消费者的有效媒介。同时，标志还是企业在形象传递过程中被应用得最广泛、出现频率最高，同时也是最关键的要素。

现代企业之间的竞争就是企业品牌形象的竞争，一个企业没有一个好的标志形象展示给消费者，那么他一定会面临淘汰。企业的整体实力、完善的管理机制、优质的产品和服务，都被涵盖于标志中，通过不断地刺激和反复刻画，深深地留在受众心中。那么，Logo 有哪些特性呢？

1. 识别性

识别性是企业标志的重要功能之一，市场经济体制下竞争不断加剧，公众面对的信息纷繁复杂，各种 Logo 商标符号更是数不胜数，只有特点鲜明、容易辨认、含意深刻、造型优美的标志才能在同业中凸显出来。它能够区别于其他企业的产品或服务，使企业给消费者留下深刻印象，提升 Logo 设计的重要性。

2. 领导性

Logo 是企业视觉传达要素的核心，也是企业开展信息传播的主导力量。在视觉识别系统中，Logo 的造型色彩、应用方式直接决定了其他识别要素的形式，其他要素的建立都是以标志为中心而展开的。

Logo 的领导地位是企业经营理念和活动的集中体现，贯穿于企业所有的经营活动中，具有权威性的领导作用。

3. 同一性

Logo 代表着企业的经营理念、文化特色、价值取向，反映了企业的产业特点。经营思路是企业精神的具体象征，大众对企业标志的认同等同于对企业的认同，标志不能脱离企业的实际情况，违背企业宗旨，如果只做表面工作，Logo 也就失去了本身的意义，甚至会对企业形象造成负面影响。

4. 涵盖性

随着企业的经营和企业信息的不断传播，Logo 所代表的内涵日渐丰富，企业的经营活动、广告宣传、文化建设公益活动都会被大众接受，并通过对 Logo 符号的记忆刻画在脑海中。经过日积月累，当大众再次见到 Logo 时，就会联想到曾经购买的产品、服务，从而将企业与大众联系起来，成为连接企业与受众的桥梁。

5. 革新性

Logo 确定后，并不是一成不变的。随着时代的变迁，历史潮流的演变以及社会背景的变化，原先的 Logo 可能已不适合现在的环境，如"壳牌石油"、"百事可乐"标志的演变。企业经营方向的变化、接受群体的变化，也会使 Logo 产生革新的必要。

◎榜样："兵熊熊一个，将熊熊一窝"

做销售的人大都听过"带领一群羊的狮子和带领一群狮子的羊打架"的故事。故事告诉我们这样一个道理：在一个销售团队里，"领头羊"的位置很重要！

"兵熊熊一个，将熊熊一窝"就是这个意思。有的管理者常常将这样一句话挂在嘴边："我不管过程，我只要结果。"对于一个管全面、负责大局的老板来说，他说这句话无可厚非，而且这也可以向下属表明：他对你已经充分授权。但是，如果管理者也这样对你的下属、你的团队说这句话，就值得商榷了。

作为"领头羊"，管理者必须让团队中的每个成员时刻牢记自己的目标和任务，并对他们的工作过程实施有效的监控和指导；还要根据任务的完成情况实施考评，对有业绩的员工要及时奖励，对混日子的员工要加强约束和淘汰。只有对细节和过程实施精准管理才可能促进团队进步公司发展。因此"目标设计"就成了建立绩效管理机制的第一步。

1. 目标明确

业务部门通常都会涉及销售目标、回款目标等问题。作为部门管理者，你的任务就是把公司的大目标、大任务逐条分解到每个市场、每个人。在设计目标时要注意这几点：责任分清、目标到人；切合实际、具体量化；时间限定、一致。

有一家企业在开拓华中 A 区域市场的时候，管理者带领了一个 10 人的销售团队，目标就是将销量由 120 万提高到 200 万以上。团队中有 1 名办事处经理，负责开拓周边市场并协助管理者的工作；4 名业务员，负责铺货结款，并协助经销商的工作；4名终端员，负责客情以及日常的终端维护。

管理者先参考上年同期的销售完成情况，和大家一起将目标任务分解到月，并制订了A区域月度工作计划汇总表，将每月的具体工作逐步分解并落实到每个客户以及每个业务员。通过对目标的分解，让每个团队成员心中都有了一笔账。

2. 有效管理

"领头羊"要随时调整路线，以确保前进方向的正确性。在一个团队中，部门管理者要随时发现销售工作中暴露出来的问题并加以纠正，以确保目标的实现。

有一家公司很重视每天和每周的工作例会。在半小时的例会中，管理者从不敢讲半句套话、空话。在例会中通常要解决三个问题：为下属解决具体问题，并指导下属的工作；了解目标完成情况；重点关注特殊事情和重要客户。

在日常的管理中，管理者应遵照这样一个原则："小事不过日，大事不过周，重大事情4小时汇报"。有一个经理对手下的监控可谓是事无巨细。终端员到岗的时候，必须在他当天拜访的路线上第一家店门口用公用电话向他报到，并要在下午5点半准时在他拜访的最后一家店门口用公用电话汇报当天的拜访情况。虽然有如此严格的监控，但公司的终端工作并不出色。

对工作的监控和指导最重要的要看是否有实效。什么是有实效？一是成绩看得见，二是效果很明显。对过程的监控和指导是建立绩效管理机制的第二步。对绩效管理过程的考评是建立绩效管理机制的第三步，这一步很复杂，做好了能提升营销人员的业务能力和上进心，做不好会使营销人员有逆反心理，不利团结，会削弱团队的凝聚力。

3. 最佳激励

有的公司把绩效考核当成了吃大锅饭，人人都有份，人人都一般。考核的内容也是五花八门。营销人员既看不出自己的能力和不足，也不了解考核的标准和条件。能量化的东西很少，主观的东西太多。其实，考核只要抓住两个方面就可以：一是业务能力，二是对公司的忠诚度。

根据马斯洛需要层级理论，每个人在不同的层级都有不同的需要，如果你能在恰当的时候满足属下不同的需要，将更大地调动他的积极性。

作为一名有进取心的营销人员，需要公司或者企业为他们提供下列需要：合适的工资、良好的工作环境等基本生活需要→有医疗、养老保险等生活保障的需要→良好的企业文化、归属感、安全感的需要→职称、晋级加薪等有认同感的需要→提供发挥潜能的舞台等高层次的精神需要。

如果将考核结果直接和员工的这些经济上和精神上的激励措施相结合，必能更高效地激发员工的潜能，哪怕部门的管理者是头"绵羊"，下属也是能征惯战的"猛狮"；绩效管理体制一旦确立就应该不折不扣地执行。

在具体的操作中还要注意几个问题：如果指标定得不合理、资源分配得不合理，会对业绩产生很大的影响，如果不能客观地去看待和认真地分析并加以弥补，也会影响绩效考评的公正性。

绩效管理的终极目的是帮助企业找出业绩不佳背后的问题，并保证销售额能够稳固地不断地呈良性成长，从而保证企业的活力和竞争力。虽然业绩是绩效管理体制中最重要的一环，但不能把业绩看成绩效管理中的唯一！

◎ 多利用偶然的谈话机会

与员工谈心是最直接、最具亲和力的沟通方式。通过谈心，可以洞察员工的情绪波动，防患于未然。

谈心的形式可以多种多样，例如：

微软公司给每个员工提供了一个免费网址，用于和公司内任何人（包括最高层人物）进行沟通。

美国英格拉姆公司的董事长专设了一部直拨电话，供公司1万多名员工直接同他联络、交流。

美国联信公司的董事长除了每月给员工写一封两页纸的信外，还要同员工举行好几次早餐会，目的也是谈谈心，拉近彼此的距离。

人往往都愿意和朋友谈心，和上司谈心大多会感觉不自在，因此，尽量将这种非公务的谈心选择在较私人的时间，如下班后或午休的时间等，地点则应该尽量避开办公室，哪怕是在写字楼外的草坪或小公园，这样不会让人有工作交流的感觉，而纯粹是上司对下属个人的关爱。当人们置身于自然环境或轻松的环境时，自然更容易交流。

在距公司不远的星巴克咖啡厅，高经理正与员工小陈谈心。他注意到，平日热情开朗的小陈，近来却显得郁郁寡欢，心不在焉，工作上也出了些小错。

黄昏的余晖照射进咖啡厅的落地窗前，典雅的乐曲裹着袅袅的咖啡香阵阵飘来，小陈的心灵之门不禁被轻轻叩响了。

小陈深切地感觉到：虽然平日接触不多，高经理却似乎很了解自己的所思所想，这让他无从开口的感觉消失了。高经理在这个部门已有两年多了，热情开朗、聪明勤奋，而且诚实。高经理又是个善于观察的人，他发现，小陈近日表现欠佳，感到愧疚，甚至一直在努力调节，但毕竟是年轻人，还需要理解和一些时间。

高经理通过交流，了解了小陈情绪不太好的原因。原来，相恋多年的女友要出国留学，小陈苦恼万分，毕竟两三年是个不短的时间，而且身边因一方出国而最终分手的事例并不少见。

小陈此时最需要的就是倾诉，而不是让别人来告诉他应该怎么做。虽然在谈话中上司并没有批评自己最近在工作上的心不在焉，但他知道正因为上司的理解和原谅，自己更应该冷静地处理工作和感情的关系。

由于生活环境、教育背景、年龄心态、性格取向的不同，每个人都会有很大的心理差异。因此，对待不同的人就要采取不同的语言方式。而且与员工谈心并不一定要到东窗事发时再进行，而应该是一个不间断的长期行为。

面对一双充满真诚和信任的眼睛，谁也不会说些言不由衷的假话，至少会为自己的言不由衷而难为情。如果员工的直接领导总能以朋友式的目光面对员工，相信这种气氛一定会给这次谈话奠定一个很好的基础。

此外，在日常的谈心中，应该直接说明你的意图，说明你找他谈心的具体原因。不要让员工感觉是你对他这个人产生不满，让他感觉：为什么你只是盯着我，明摆着是对我不够信任。所以谈心无须多谈事件细节，更多地在于说明道理。

管理者和员工谈心要多倾听员工的心声，而非一味地表达和灌输自己的思想。在倾听中你甚至会有意想不到的收获，你会了解到员工心中的感受，以便日后更好地处理和他的关系。有时员工甚至会在谈心中，不经意地说出一些对公司的看法和建议，这对你的日常管理会有所帮助。

谈心是一种很好的交流活动，对于增进人们之间的了解和友谊很有好处。和下属开展富有成效的建设性的谈心，是有很多讲究和方法的，那么怎样才可以和下属开展好谈心活动呢？

1. 预约谈心

管理者不要搞突然袭击式的谈心，这样容易给下属造成紧张不安心理，形成谈心和沟通的心理障碍，严重影响沟通效果。事先预约可以为双方预留准备时间和心理空间，可以让自己和下属都感觉自然而然，顺其自然地完成谈心任务。

2. 平等谈心

管理者约谈下属时一定要精心筹划和准备，可以营造一个平等、友好、和谐的谈心气氛和场面。例如，说话语气平和，以朋友般的口吻代替居高临下的领导口吻；还有就是要侧面靠近式落座，最好不要直接面对面，在架势上好像很对立的样子。也不可以采取居高临下式训话。

3. 友好谈心

友好谈心的主要目的是沟通和交流情感，切切不可以命令的语调；同时，管理者要拉近彼此之间的心理距离，尽可能谈一些轻松的话题。

4. 定期谈心

在一起工作久了，管理者与下属之间必然会产生一些误会和隔阂，这就需要定期找下属沟通一下，特别是要及时消除一些误会，对于定期争取下属的意见和建议，也很有必要，一方面可以增进感情，另一方面也可以为改进工作提供动力和参考。

5. 临时约谈

当一些现实的或者严重的误会和症结出现时，管理者可以随时随地临时约谈下属，及时沟通和消除工作误会，以便尽快疏通心理，促进工作。

6. 非正式接触聊天

有时候在一些非正式场合，遇见自己的下属，切不可装作没有看见，小聊几句也可以有大用的。

7. 工作外闲聊

在业余休闲的时候遇见了自己的下属，一定要热情地打招呼，关心一下下属的生活和家庭等，以老朋友的身份给予温暖最好，切不可以休闲的时候见了下属还是谈工作，没完没了，下属的心里会很不爽的，会给下属留下工作狂的不好印象。

◎慢讲话，多利用暂停加入各种影响

每一次汇报都有可能是一次调整，也可能是每一次谈话与交流。

语速快的人多半思维敏捷，表达流利，因为其想得迅速，言语自然一蹦而出。然而，想得快并不意味着想得周到，想得深刻。如果只是着眼于立马表达，而忽视其话语的意义；如果只是思考得迅速，而忘却了声音本身的升降起伏，就很容易自满于快节奏的语速，不愿放慢，而只能一味加速。

放慢语速是优秀管理者的必备技能。聪明的管理者总是在合适的场景、合适的话语上放慢语速，一种由内而外的吐露，渐缓的语速夹带着个性化的声音特质，渲染了全场。

放慢语速后的言语，不仅仅是大脑的声音，更是心的声音。下属可以钦佩严谨的逻辑，惊叹知识的海量，但却更容易被心的声音所震撼，而且，比起前两者，用心的先前条件要简单一些。

管理中交流要学会用心，学会在适当的时候，让心声成为演讲里的一种声音，让心声成为生活的主旋律。那些喧嚣的杂音，那些复制的车鸣，不再需要通过刺激去麻痹，不再需要通过高亢去掩盖。心声既是起点，也是停顿，更是终点。

语速的放慢就像大城市里行色匆匆的上班一族，偶尔懂得了清晨去公园散步，仿佛专注于科研的学子，通宵过后去恬静的操场漫步，他们懂得了尊重心声，跟随朝阳焕发新的活力。他们需要停顿，而不是填满时间，他们需要思考，而不是为任务奔波。

停顿是什么？是一切戛然而止，而新的心声即将来临。

社会心理学把人与人之间的信息传递和信息交流称为"人际沟通"。人际沟通一般分为语言沟通、副语言沟通和非语言沟通三种。副语言沟通包括音量、音质、速度、节奏、语调等，它不仅能辅助语言沟通，同时在表达情感方面，非语言的意义甚至超过语言本身的内容。在副语言沟通中，恰当地运用"停顿"往往能产生特殊的心理效应。

所谓停顿是语言节奏的特殊处理，它有语法停顿、逻辑停顿和心理停顿三种。心理停顿不同于前两种停顿，它主要不是服从语言或逻辑结构，而是服从心理情景的需要。由于这种需要所表现的语言间隔，从形式上看是外部语言的沉默，实际上则是"内部语言"的活化，在停顿的片刻，听众的思维情感异常活跃，或急切期待，或自由想象，或默默体验，这就是心理停顿的目的。具体来看，心理停顿在人际沟通中有这样一些作用：

1. 给沟通者与对象整理思路

心理学研究告诉我们，在口头引导中，沟通的说话速度与听众的听赏感知、思维速度是不同步的。口头引导不同于书面文字，对象是在"听"而不是在"读"。读不懂可以停下再看一遍或斟酌一番，可是听众却没有这样的机会，一旦出现语言障碍，他们的思维、想象乃至情感就会出现阻滞，形成"听"与"想"的矛盾。而暂时的"停顿"会缓和这些矛盾，促使听众实现"听"与"想"的统一，从而达到沟通同步。

2. 激发下属的情绪

和下属沟通不只是信息交流的过程，也是情感的过程，而情绪总有一个发生和发展的过程，对象往往是通过领导者的叙述产生联想，进而产生"情绪波"的。

如果管理者不给员工一个机会，而是一掠而过，很难有效地激起员工深刻的情绪体验。适当的停顿还会使下属认为管理者自己也在思考，也在激动，从而更有利于引起情感共鸣。

从实际情况看，自然的心理停顿也是沟通者自身情感的一种表露，不仅能影响员工，也能更好地引发管理者自己的情感，实现上下级之间的双向情感激发。

3. 吸引和诱导下属参与思考

当管理者提出问题时，要求下属回答或暗示下属"想一想"时，停顿就显得很自然也很有必要了。就一般情况而言，在口头引导中，下属的注意力主要集中在"听"上，而要对引导内容进行斟酌、推敲，则需要一定的时间。

适度的停顿不仅可以给下属思考的时间，还会对下属形成一种压力，好像在对下属说"你必须想一想"。日本学者原一平认为，在"停顿"的沉寂中，你确实地接近了对方，迫使对象对问题进行判断。事实也确实如此！

4. 有利于引导内容的展开，突出主题

从口头引导内容上看，总有主要和次要之分。在展开重点内容时，一般就应该有所停顿，这既可以给下属一个心理准备，也是一种"重要性"的暗示。

据记载，林肯在要讲出一个重要意思，并想把这种意思深深地印在听众心中时，经常会把身体略微前倾，两眼直视听众，好久不说一句话。在这里，虽然非语言也在发生作用，可是非语言的信息只有和心理停顿这种副语言沟通方式协调时，才能有效地影响对象。

5. 心理停顿能引起下属的好奇心

突然的停顿是一种节奏变化，它很容易引起下属的注意，而注意是一切心理活动的背景，任何心理活动总是伴随着一定的注意。

如果没有对于沟通信息的注意或者不太注意，对沟通信息就缺少应有的指向或集中，就不可能把握沟通信息，进而了解、接纳，当然，引起下属注意的因素有很多，但不可否认的是，心理停顿是一种有效的形式。

总之，心理停顿作为人际沟通的一种技艺，对于沟通信息的传递、交流

以至情感的表达和交流有着多方面的作用，但它毕竟只是人际沟通的一种辅助形式，应因地制宜，择机运用。

◎ 从思想源头确保信念正确

信念会以多种方式影响一个人对工作、目标、人际交往等问题的处理方式。实际上，在事业成功和坚定的信念之间存在着直接联系。理查德·布兰森就是一个例子。

理查德·布兰森是著名的维珍集团主席和创始人，也是一位极具个人魅力的管理者。在其自传中，理查德·布兰森说道："我的信念是，每一天的每一分钟都应该全心全意地度过，并且我们应该不断地去发现任何人、任何事最好的一面。"

正是本着对这一信念的不懈追求，布兰森摒弃了传统的商业常规。传统的看法是，股东是一个公司首先要考虑的对象，其次是顾客和员工。然而维珍公司的态度正好相反。"员工最重要，"布兰森解释道，"如果你的员工都感到快乐幸福，那你就很可能会使你的顾客感到幸福，而这必将会给公司带来更大的利益，从而最终也会让股东们感到幸福。在我看来，这应该是一个很容易理解的事情。"

布兰森以顾客为中心并且善待员工的信念体现在很多方面，例如，他每天起床后第一件事就是阅读和回复来自员工的电子邮件。他创造了一个极具吸引力的公司，很多顾客把维珍集团作为自己的第一选择，甚至在其他公司给出同样优惠的时候，很多人也照样选择维珍。

信念来自一个人的生活经历，特别是那些人生转折点——这种时候，我们不得不做出选择。而我们的选择不仅会改变我们的将来，也会揭示出我们关心什么。被这些转折点所塑造的信念决定了我们对世界的看法，影响着我们做出的决定以及我们会关注什么、忽略什么。它们塑造了我们的态度、偏见、观点和价值观……在很大程度上，影响着一个人对自己的理解，特别是会影响到对成功和失败的反应以及对自己获得成功的信心。

那么，如何从思想源头保证信念的正确？

1. 具备卓越的战略观念

作为一名管理者，不仅要像一个高明的战术家一样完成每一件事，更应该以一个战略家的姿态未卜先知，抢占制高点，从而在新的变化面前从容不迫。

战略的立足点是现在，着眼点是未来。全面和局部的划分是相对的，同时时间也在改变，但是局部应该服从全局，低层次战略不能违背高层次战略的要求。

现代社会生活越来越复杂、多变，范围越来越广泛，社会生活的各方面都会影响到全局。靠管理者的直觉来判断社会活动未来发展的趋势，靠经验管理复杂、瞬息万变的社会活动带有很大的盲目性，且一旦发生失误，损失巨大又无法弥补，管理者只有通观全局，长远考虑，研究规律，才能成为成功的企业家。

2. 确立科学决策观念

管理者应该确立科学决策观。科学决策观的确立，并不排斥个人的阅历、知识、智慧和胆略，但是日益复杂的现代生活已然超出了个人能力的范围，不得不求助于一套科学的体系。

如何实现这一点呢？

首先，要从思想上自觉实现这种转变；其次，必须通过学习培养较高的科学素养，把经验上升到理论，上升到科学；最后，要建立一套科学决策的体制、程序和方法，以辅正思想观念的持久作用。

3. 具有一定的危机意识

当今社会变化节奏加快,关系愈发复杂,竞争更是加剧,就如体育运动是激烈的竞争,比赛的结果非胜即负,而战争是更加激烈的有关生死的竞争,这两者都容易唤起人的紧迫感和危机感。

危机感和紧迫感是动力之源,但是光有这两种是不够的,要把事业搞上去,还要有持之以恒的勇气和一往无前的拼搏精神,而奋斗勇气和拼搏精神来自必胜的信念。只有把危机感、紧迫感和必胜信念有机地统一起来,才能获得事业的成功。

很多人在做某事之前往往瞻前顾后,总怕失败,总是迈不开步子,不是集中精力去争取成功,而是把精力耗费在避免失败上,总是显得步履维艰。从事任何开创性的工作都是关隘遍布、险阻林立的,没有坚定的必胜信念作精神支柱,是不可能克服一个又一个困难,到达光辉彼岸的。

闻名遐迩的苹果电脑公司,当年是由两个年轻人靠400美元贷款开始创业的。租借一间废旧汽车库,在旧货摊上购买一些元器件,他们抱着定能成功的信念,连续两年每周工作7天,每天干15个小时,克服了许多看来无法克服的困难,争分夺秒地搞出新产品,才获得成功。

4. 具备一定的时效观念

时间是物质运动的顺序性和持续性,其特点是一维性,既不能逆转,也不能贮存,是一种不能再生的、特殊的资源。有效地利用时间,便是一个效率问题,也可以说,效率就是单位时间的利用价值。

人的生命是有限时间的积累。以人的一生来计算,如果以80岁高龄来算,大约是70万个小时,其中能有比较充沛的精力进行工作的时间只有40年,大约15000个工作日,36万个小时,这还包括睡眠休息的时间。生命的有效价值就靠在这些有限的时间里发挥作用,提高这段时间里的工作效率就等于延长寿命。

5. 具备一定的信息观念

在科学技术高速发展的今天，科学研究、经济活动、社会生活每时每刻都出现并吸收、利用大量新的情报信息。情报信息系统已成为社会、经济、科技活动的"血管"，而大量的情报信息则成为社会赖以生存和进步的"血液"。

现代管理者要从科学技术、经济、社会全局上正确认识它的战略地位和作用，积极主动地把信息传输到社会各个领域，使之尽快转为直接的生产力，以推动人类社会的进步。对于现代管理者来说，他的管理艺术在于能最敏捷地掌握信息，最有效地运用信息，从而能最果断地做出正确的决策，去创造最大的业绩。

◎ 凝聚力越大，企业越有活力

企业凝聚力是一种合力。它是由企业管理、企业环境、企业效益、企业精神、企业文化等各种因素合成的一种向心情感，是黏合剂，是磁场，是企业方方面面的工作和谐的结果……企业凝聚力出现在各种因素的交汇点上。

众所周知，如果企业人心涣散，其发展必不长久。那么，如何提高员工的凝聚力呢？现在，我们就从收入、工作满意度、亲和力、员工保障心理、个人发展和人事考核六个方面来说明。

1. 收入

影响人才流动的因素很多，经济因素是其中一个很重要的因素。

收入的多少，不仅仅可以体现为物化的东西，更重要的是，在某种程度上是对个人价值的肯定，从而实现员工自我满足感。但是，纯粹的高收入，只能说在对外方面具有较强大的竞争性，它也许能暂时吸引人才，却未必能长久留住人才，留住人才的关键还得看收入分配流程中的公正性、合理性和激励性。

有两家企业 A 和 B，A 企业不分职位、工种，月薪统一定为 3000 元；而 B 企业则按员工个人能力及贡献大小，将收入划分为若干档次。虽然最高者月薪不到 2500 元，但从实现自我价值角度考虑，B 企业比 A 企业更具有竞争优势，也更能获得有才干者的青睐。

所以，拉开收入档次，用量化的经济指标来衡量员工的能力和价值，在企业内部建立能力优先机制。

2. 工作满意度

工作满意度，也就是员工对工作的满意程度。如何提高员工的工作满意度，是企业老板和人力资源管理者在实际人事管理工作中经常遇到的问题。

（1）为员工创造一个优美、安静的办公环境。舒适的办公环境不仅能提高员工的工作效率，还能树立公司自身形象，激发员工的自豪感。恶劣的办公环境会使员工感觉差人一等，产生自卑情绪，从而严重挫伤工作上的积极性。因此，要想提高公司的凝聚力，就要先为员工创造一个优美、安静的工作环境。

（2）提供通勤车服务。在条件允许的情况下，尽可能地为员工提供通勤车服务，既为员工上下班提供方便，也以实际行动表明公司对员工的关心。同时，载有公司名称和标志的班车在大街上行走，本身就会产生广告效应。

（3）尊重员工的劳动。在公司内形成尊重员工劳动的气氛，尤其是管理者，不能轻易否定员工的劳动成果。须知，培养员工积极性就好比堆雪人，要毁了它，一盆水足矣，但要恢复过来，可就不是一日之功了。

（4）建立员工建议制度。完善的员工建议制度十分可行，当员工的建议得到重视时，能获得极大的满足感，进而提高员工的积极性和工作满意度。

美国柯达公司在这方面可以说是卓有成效，他们从总经理到基层管理人员都对建议制度相当重视，并在各部门设立专门的建议办公室。该公司总经理乔治·伊斯曼甚至认为，一个公司的成败与员工能否提出建设性意见有很大关系。

（5）实行员工参与制度。古人认为："民可使由之，不可使知之。"但在现代社会，人们都希望了解所属环境发生的一切事情。根据马斯洛的需求理论，人有安全和自我实现的需求。如果让员工及时了解组织运行状况，鼓励他们积极参与管理，满足他们自我实现的需求，必能增加员工责任感，提高员工士气。

（6）工作合理化和工作丰富化。所谓工作合理化，就是通过科学测量，确定合理的工作负荷和工艺流程，避免员工因负担过重或过于轻松而失去对工作的兴趣；工作丰富化就是在单调的工作中增加一点情趣，激发员工的积极性和责任感，如美化工作名称、适当增加决策性内容、具有相同工作特征的职位进行定期轮换等。

3. 亲和力

提高亲和力，实质上就是将管理的触须延伸到员工的私人领域，通过人际关系的交往来增强凝聚力。

（1）创办内部报刊杂志。创办内部报刊杂志，为员工提供一个发表意见、交流心声的园地。在企业设计中，最重要的应是 MI，即企业理念设计，而内部报刊杂志就是进行 MI 的最佳载体。

（2）关怀员工。在员工生日时送上一束鲜花或给予其他物质祝福，会让员工深切感受到公司大家庭般的温暖融和之情，这比空洞的说教更具震撼力。如果公司规模不大，生日聚会将使员工更终生难忘。

（3）定期交流。实行定期交流制度、让领导和员工共聚一堂，总结过去的经验，规划未来的发展。如果公司规模大，则可以让员工在公司统一安排的前提下自由组合，轮流参加公司各种会议。

之所以要提倡自由组合，主要是因为企业内部可能存在非正式组织，让有共同语言的员工一块参加，可以解除他们的心理负担，从而将自己真实的想法都坦诚地说出来，使公司领导能真实地把握员工的心理动向，寻找管理上的差距，强化对员工的管理。

（4）丰富员工的业余生活。尽量丰富员工的业余生活，有计划地举办一些活动，如歌咏比赛、电影包场、参观等。

4. 员工保障心理

为员工提供充实的生活保障，增强员工保障心理，对于增强公司凝聚力起到强大的基础性作用。

（1）为员工投放医疗和养老保险。社会保险的作用就在于解除员工的后顾之忧，积极投身于自己所从事的工作。

（2）提供住房补贴或按通行做法提供无息住房贷款。在现代人的观念中，住房占有相当大的比重，解决了住房问题，就等于卸去员工身上的一大包袱，从而能更安心工作。现在很多企业都尝试制订住房解决方案。

（3）完善休假制度。休假在员工生活中也是一项很重要的内容。在休假制度中，不仅应包括国家法定节假日和国家法定最低年假天数，还应根据公司实际和员工服务年限给予相应的休假待遇。

5. 个人发展

一个公司如果能给员工提供充分的发展空间，使员工的个人能力和素质随着公司的发展而成长，这个公司与员工的相互认同感也就越高，团队的凝聚力就越强。个人发展对公司而言就是能力开发。现在有一种人才银行的观点，认为人才在量的方面是硬银行，在质的方面是软银行，人力资源开发就是要让公司软银行方面的"固定资产"不断增值。

（1）鼓励员工参加继续教育，尽可能获得各类证书，并对成绩优良者给予一定的奖励，如增加考核分、报销学费等。

（2）对于大型集团化企业，可以尝试建立统一的培训学院，各地分公司可按照总部安排分期分批派员参训，因为集体参训既降低了培训成本，又有利于各分公司之间的交流。

（3）鼓励员工向更高层次发展，对做出突出贡献的员工，公司要给予一定的奖励。

6. 绩效管理

在人力资源管理领域，绩效考核是最重要的工作，其他人事管理，如薪资分配、奖励、调配、晋升、培训等，都得同考核结果对照后实行，因此，要增强员工的凝聚力，必须建立一套科学、公正的人力资源绩效考核制度。

传统的考核带有浓厚的个人色彩，考核程序简单化，考核方法独裁化，考核要素随意化，这些都会导致考核结果自然失真，甚至出现较大的偏差。而制度性的人事考核，将根据员工的不同职位标准进行差别考核，既保证考核标准的统一性，又考虑了考核对象的差异性。

由于考核的相对公平，员工对自己所处的位置和享受的待遇产生的抱怨就可以最小化，这样自然能有效消除内部摩擦，增强员工的凝聚力。

第七章　春雨润物细无声

——用催眠式暗示突破管理困境

◎重视"小细节的威力"

作为一名合格的管理者，应当具备多方面的素质，不但应具备个人基本素质，如高尚的品德与情操、完善的知识结构、强健的体魄等，还应具备专业素质，如良好的沟通、团队合作精神、决策力和规划力、良好的应变能力、勇于担当、敢于创新等。

人们常说，细节决定成败！为了突破管理的困境，就一定要重视工作中的小细节。

1. 清晰表达你的工作指令

作为一位管理者，与下属的良好沟通是其基本素质之一，但很多管理者跟下属沟通事项时，沟通含糊，目的、用途、方法、注意事项等重要因素交代不清，下属按着管理者思路执行，结果却是错误的。怪下属吗？不是的，应该怪管理者没有做到良好的沟通。例如，一位企划部门经理跟设计人员交代设计包装物，但用途、规格、材料、设计风格、构思方向、色调等没有非常精准地传达到位，结果设计出来的稿件反复修改，既浪费人力资源，又影响进度。再如，对外购买产品时，交代下属执行，更得沟通细致，才能保证下属买回来的产品符合本公司的要求。所以清晰表达工作指令是极其重要的。

2. 别在上司面前说下属的不是

在工作过程中，总会出现一些不可避免的错误，作为管理者，理应勇于承担责任，从中吸取教训，避免下次再犯。但现实工作中，很多管理者处理危机的能力和担当意识不强，推脱责任的能力倒挺强，事情搞砸了，就会习惯性地在上司面前说"这件事是下属××做的"，"他没有按我的意思做"，"我原本要求他这样做的，但他自作聪明"等。

这种管理者已经习惯将责任推得一干二净，推给下属或推给兄弟部门。这样的管理者在心理素质、情操、应变能力以及担当等方面离优秀相去甚远。久而久之，下属也会人心涣散，离他而去。而在睿智的上司眼里，你同样是一位不合格的管理者。

3. 不要漠视员工的意见

工作中，当员工向管理者提意见时，有的管理者漠视下属意见，或是仍做着自己手头的事，"嗯、哼"回答着。这样的管理者缺少尊重他人的基本素质，认为下属的能力和见识不如自己，听不听无所谓。

正确的做法，应该是放下手头的工作，认真倾听下属的意见，懂得充分尊重他人，对于下属的正确意见虚心接受，对于不正确的意见或是下属因为见识和能力所限没有意识到的错误，要诚恳地提出来并与之交流，让他从每一次的沟通中得到更大的进步。

4. 别让员工无休止地等待

有一位管理者，处理事情态度极其认真，下属呈递到他面前的材料，往往因为其他事情而耽搁或是思前想后，有时数天都不见回复，有一些项目又有很强的时效性，下属催过一次、两次以后还没有结果就会陷入尴尬境地，不催怕误事，再催又怕有催领导做事的不好印象……管理者必须避免这样的事情出现。

5. 别在下班时临时叫员工加班

常听到有人这样抱怨，说自己的领导经常在快下班的时候临时找自己做事，或者突然宣布今晚要加班，结果下属原先安排的个人计划因为管理者一句话而改变或取消，久而久之，下属对管理者的能力就会有不同的看法和意见，且不说管理者的规划力、策划力如何，连基本的计划性都很差。

6. 为员工的错误把关

管理者必须为下属所执行的事务进行全面把关。例如，在执行项目过程中经常询问是否需要帮忙，有什么困难，积极参与协调等。再如，下属为活动做了一份策划书，很多管理者拿过来粗略一看，便递呈更高的领导，结果稿件里有错别字，有些地方思路不够缜密，执行方案可行性不强，想法天马行空等，这样的策划书递上去，大多数都会被退回来，所以管理者要当好自己管理范围内的把关者角色，要让错误消灭在部门内。

7. 多鼓励员工

下属在执行管理者的指令中辛勤工作，付出了精力和汗水，管理者应当时刻放在心里，做得好的地方，应不吝鼓励和表扬。其实作为下属，能得到上司的表扬比物质的奖励更容易满足，更能激发工作动力。

8. 经常与员工沟通

管理者的每一次工作安排其实都是一种沟通，除此之外，间隔一段时间可做一次面对面的沟通，也可以聊一些下属个人兴趣之类的事物，尤其是下属的专长，让其在谈话中感觉到上司对他的关心以及对他身上优点的肯定。

在公司每一次难得的绩效面谈中对其工作进行总结，让下属意识到自己的不足，但也要关心与鼓励。

9. 让员工执行力更顺畅

有一个经理执行力很强，适合做执行型的管理者，但在管理下属的方法和魄力上有所欠缺。一位老下属是仓库的仓管员，这位老员工因为是"裙带"关系进的公司，平时工作散漫、仓库杂乱无章，进、出货都没有认真进行核实登记，账务一塌糊涂，结果不是合作者投诉发出的货有误差，就是月盘数量差异很大，公司内部其他部门也投诉不断，与其配合的工作人员同样跟着受苦。

这样的员工已严重影响公司的整体运营，使自己的团队执行力屡屡下降，不想办法摆平，最后反倒是管理者自己先卷包走人了。至于如何摆平，方法很多，根据不同情况有不同的应对策略，这就要看管理者的组织能力和公关能力了。

10. 把机会让给下属

有一位部长，各方面都非常优秀，因此，每年都会被集团领导提名并评为优秀个人奖。他有两名得力干将，工作能力也非常突出，正是由于这样的强强联合、相得益彰，让这位管理者的能力得到最大化的展现。

但这位管理者每年的个人奖照拿，一两年已经足以证明你的能力，何不将机会让给下属，让他们在激励中共同将今后的工作更好地开展呢？

◎老板小动作，管理员工大方向

管理者最不起眼的小动作也可能有着深远的影响。

2009 年秋，琳达·哈德森成为全球国防业巨头 BAE 系统公司美国分部的负责人。

琳达·哈德森对自己的直接下属说，希望他们能一天24小时都对电子邮件有"快速反应"，让她吃惊的是，好几个下属开始把设好提醒声音的黑莓手机放在枕头边，这样就能在她半夜3点发出电子邮件后第一时间予以回复。

琳达·哈德森说，她好几次告诉这些同事，他们可以在晚上好好休息，并尝试减少自己在夜间使用手机发邮件的频率。但她承认，过了好几个月，我们已经开始习惯彼此的工作方式。

琳达·哈德森经历的是一种管理者影响力放大效应，这是一个常见现象，但会极大地影响一个人的职业生涯。当你就任一个高级职位时，下属往往会小心观察你的举止、穿着和言论，并可能做出错误的理解。

身居高位让你对自己行为所产生的影响不那么了解，这会让你带领的队伍丧失士气，从而扼杀你的职业生涯。当你在过道的时候，即使缺乏与下属的眼神接触，也会传递给下属一种不认同的感觉，导致员工开始疏远你。

影响力放大效应也会为你服务，因为有效的小举止往往能提高员工的士气。管理者必须意识到，领导是一种角色，而你始终处于这个角色之中，要确保自己释放出想要释放的资讯。

1999年，琳达·哈德森成为美国通用动力公司第一位女性部门负责人后，首次尝到了影响力放大效应的后果。她在上任第一周的某一天，戴了一条新围巾，并系了个别致的结。第二天她去上班，发现十几名女性同事都用相同的系结方式戴上了围巾，受到如此关注把琳达·哈德森吓坏了。

60岁的时候，琳达·哈德森回忆道："我不习惯成为众人的焦点，我觉得自己像被挂在布告栏上一样。"

很快，她再次发现自己被人密切关注着。几个月后，她巡视下属的一个工厂，发现到处张贴着关于她的东西，不但有她的照片，还有一系列她近期在管理会议上提出的目标要求。

琳达·哈德森说，感谢这些出人意料的宣传单，让她意识到影响力放大效应也是个潜在的激励工具。

这个故事再一次说明，管理者通过微妙地调整自己的行为，可以改变员工的行为方式。

◎ 善用微讯息：优秀领导的 DNA

超越语言以外的"微讯息"，常会透露出说话者心里真正的想法和感受。

有一种管理者，下属走进他的办公室，他会抬头往上看，与下属的眼神接触，微笑欢迎下属，跟下属打招呼，认真聆听下属要说的话。

有一种管理者，几乎不会承认下属的存在。他会瞄下属一眼，马上低头继续办公，在下属说话的时候一直盯着他的计算机或看着他的手表，然后指着桌上某个角落说："数据放着就好。"

有一种管理者，开会时总让下属觉得很闷，"轮到我讲话的时候，经理似乎只针对我发出某种特殊的表情，某种看起来毫无兴趣的空洞表情、疲乏而缓慢的眨眼，不像他给其他同事的反应，我的发言并没有得到理解的点头……他似乎非常关心现在几点？他到底在想什么？午餐约会吗……他对我的报告缺乏注意，是故意忽视我的工作，还是有什么其他原因呢？我实在搞不懂。"

不要低估"小细节的威力"！不要以为这些只是管理者与下属互动的小细节，影响不大。职场沟通上有许多"超越语言以外"的细微线索，会透露出说话者心里真正的想法和感受。

在这里，我们可以把这种人际沟通的微妙线索，称为微讯息。而微讯息经常通过下面几种方式传递：脸部表情、语气、手势、字词的选择、眼神接触、问题、互动程度。

其实，早在 20 世纪 70 年代，心理与行为研究的学术界便开始针对人际沟通上的各种微型讯息进行研究。微讯息可以通过反驳的手势、身体倾向或远离某个正在说话的人传递，也可以反映在说话者的语气上。有人估计，一般人每天平均接收到 2000 ~ 4000 个微讯息，它们看起来并不重要，似乎不值得讨论，但影响非同小可，对职场沟通来说，尤其重大。

负面的微讯息，例如空洞的眼神、回避的注视、会议里轻视的耸肩、在你讲话时忙着看他的电子邮件或讲手机等会暗地破坏员工的自信，导致他再三猜测每个决定，渐渐地，员工会不想再有所贡献，只想把交代的事情做完。

而正面的微讯息则可以提高员工的投入，并对公司的收益表现带来更好的影响。也许只是在员工进来时抬头微笑，员工说话时专注看着他，或者在向别人介绍你的团队成员时，让每个成员都感觉受到平等与尊重，没有厚此薄彼……总之，再简单不过的小动作，却能对员工产生莫大的作用。

微讯息会塑造每一种关系，不是破坏一段关系，而是打造更好的工作关系。因此，想要成为优秀的管理者，就必须掌握有效传递微讯息的能力，来激发下属的自尊、承诺、忠诚、信任和尊重。

这里，给大家介绍十种锻炼"上司讯号"的基本方法，管理者要善用这些要领，增进掌握微讯息的能力，传达对员工的正面影响：主动征求意见、建立私人的连结关系、不断问问题、赞扬他人的想法、注意你的脸部表情、积极聆听所有人说话、吸引其他人参与、注意私下的打招呼方式、有建设性地响应不同意见、不要经常打断别人。

以"不断问问题"为例，如果有下属控诉你做出的举动引起他的不快，你绝对不要用防卫性的陈述来响应，"你反应过度了，不要这么敏感"，"你应该把注意力放在项目计划上面，而不是我的眼睛在做什么，拜托喔！"你该做的，是提出问题，"你观察到了什么？""第一次注意到这点是在什么时候？""对你来说，我该怎么表现得不同？为什么之前你没告诉我？"多问一些问题，比防卫性的答复有效多了。你也许并不同意对方的指控，但是多讨论为什么他会有那样的感觉，有助于建设性的对话，增加双向沟通的机会。另外，"建立私人的连结关系"也能帮助管理者传递正面的微讯息。

有一位高级管理者，下属经过他办公室的时候，这位管理者偶尔会邀请他进去聊聊。

这位管理者会提起下属的妻子，询问他儿子和女儿在学校表现得如何。他也会透露一些有关他自己的个人细节，例如，他女儿在大学发生的故事。他们的谈话一般不会超过五分钟，最多十分钟，但在谈话的时候，他从来不会问起公事。

其实这位管理者完全可以轻易地把公事带入谈话中，但是，他反而选择让对话只跟个人有关，建立起员工信任和忠诚。这种简单而隐含的行为，就是优秀领导能力的表现，他传达的微讯息，让员工成为他最大的支持者之一，他指派的每一项任务，员工都会兴奋地承担。

越常练习传递微讯息的要领，就越能发现，精通这项技术，对有效领导能力多重要。身为管理者，你可以通过某些微小又简单的行为，例如，从说"你好"开始激发下属的承诺、投入，让他们勇于发挥创意，释放潜力。管理者要善用微讯息，因为它是培育优秀领导能力的秘诀，会让管理者变得更优秀！

◎警惕摧毁公司的四种潜在消极催眠因素

消极催眠因素一：会议气氛太好了

当管理者参加一个会议或者电话会议时，如果团队以微笑待人，会感到非常舒适，但他们会去挑战彼此吗？会议气氛太好是没错，但如果没有分歧、冲突或者争论，这也可能是一个存在某些错误的标志。如果大家没有任何冲突，这也可能是表明员工不在乎这些工作或者他们对自己所做的事情没有激情。如果没有冲突，就不可能推动业务进展，没有冲突不应该是管理者的目标，管理者应该试着制造一点冲突。

享誉世界的科学家钱学森担任中国科学院力学研究所所长后，工作困难重重，他知道只有集中大家的智慧，群策群力，才能攻坚克难，因此，遇有困难就组织大家开会讨论，以期找到破解问题的最佳途径。可是因为他的名气太大了，又是领导，以至于每次开研讨会，大家都以他说的为准，谁也不提任何意见。

为了打破这一局面，他在一次开会中说：“我上个月，到农村去了一趟，帮助一个农民上树去摘土豆……”他故意把话说错，当场就有人主动站起来发言：“钱所长，您恐怕讲得不对吧？土豆是长在地下的，怎么跑到树上去了？”

听到终于有人反驳了，钱老说：“谢谢大家，总算有不同意见了。”大家这才恍然大悟，从此，会议气氛活跃了，大家也敢对钱学森提不同意见了。

毋庸置疑，开会、办事情、研究工作，主要是听取不同意见，这样才会使我们的工作更接“地气”，更有“底气”。由此很多问题出现矛盾，甚至是容易忽视的“死角”。

管理者只要善于听真话，鼓励道实情，就能多一些发现的眼睛、思考的头脑，帮助决策者查找问题、分析问题、解决问题，从而改进工作，这正是不同意见的意义所在。

消极催眠因素二：创新遥遥无期

你所销售的产品或服务，有多少百分比来自于过去两年？如果这个百分比低于20%，公司的创新或许就是零，是时候重新注入活力了。对于一个公司来说，创新并不是一个目标，而是一个必须要做到的要求；创新不仅仅是生产出新产品，也可以是内部或外部流程和程序的创新。

在Blue的公司，员工每天在公司的最后一个小时通常是互相交流或头脑风暴。管理者必须保证创新的时间、空间和资源的分配，为了奖励那些最具创新想法的员工，Blue在公司里设立了一个年度创新大奖，奖金为5000美元。

随着现代市场竞争越来越激烈，很多公司不再仅需要执行的员工，而是需要有创新执行力的员工。在执行的过程中，员工是否能灵活变通，即使在上司没有要求的情况下，也能大胆执行，为企业创造高额收益。记住：执行永远不会拒绝创意，而老板也永远不会拒绝一个懂得灵活变通、有创意的执行者！

陈晓军是一家公司卖场手机专区的客户服务人员，有一天，有位客户突然跑到她这里投诉，说手机的屏幕和说明书上的宣传不一致。陈晓军看了看，的确存在这样的问题，但手机本身是没有任何问题的，如果因此而和供应商退换货恐怕不值，而且又耽误客户的时间。

想了想，趁客户还没有提出退换请求之前，陈晓军赶紧对客户说："您看这手机本身质量没有问题，买到一个合心的产品其实并不容易，所以我建议您可以放心地继续使用，如果出现任何质量问题，我立马帮您办理退换手续，同时，为了表示我们的歉意，我们有一份真诚的礼品要送给您！"说着，从身后拿出一个"福袋"来送给了客户。

的确，客户本来是想要换货的，但是经他这么一说，而且又有小礼物，客户就同意了。后来，陈晓军发现，越来越多的客户因为种种问题而找上门来，但大部分都是外观而非质量问题，而且多数原因都是由于事先阅读说明书不详细所致。陈晓军冥思苦想了几天，终于想出来一个极具创意的好办法，她凭借自己的绘画功底，绘制了一幅大海报，以生动的漫画形式图解了手机说明书，并用一幅四格漫画说明了"客户在买之前不仔细阅读说明书，后果很严重"的小故事。

陈晓军的画吸引了许多客户前来围观，大家不约而同地觉得这位客服人员不但贴心，而且极具创意，很多人冲这一点购买了手机！后来，这件事被老板知道，结果可想而知，陈晓军就此打开了自己的职业之路，一路升职加薪，让她欣慰不已。

虽然并不是每个人都有某方面的能力或天赋，或许你不会画画，不会唱歌，但是执行一定是不会拒绝创意的，哪怕你只有一个无力完成的创意，你依然可以向上级提出来，和大家一起完成，创造价值。

在这个翻新比翻书还快的时代，没有一点点创意精神怎么行得通？那么，如果你并非天生富有创新细胞，该如何获得创意的灵感呢？

（1）学会灵活变通。工作久了之后，难免会变得机械。特别是刚迈入职场的新人，做什么事都小心翼翼，于是，不管做什么事总是一板一眼，脑袋木讷，辛辛苦苦做了半天也没有任何结果，这样下去，你的脑袋可就要生锈了。所以，管理者要告诉员工：不要为了完成任务而去做任务，不要只按照要求去执行，大胆开启你的想象空间，让工作因你而充满新意。

（2）抱着试试看的态度去执行。俗话说，择其上求其中，择其中求其下，如果择其下还会有什么好结果呢？很多人在执行工作时，面对简单的工作就拖拖拉拉，而面对难一点的工作就暗示自己"这工作超出了我的能力范围，我肯定完不成"。

这一句"肯定完不成"并不是意味着他真的不行，而是表明，在还没开始工作之前，他就已经自我放弃了。反正结果都还是个未知数，何不抱着试试看的态度试试？要让下属多给自己一份执行的压力，有压力才会有创新的动力。

消极催眠因素三：顾客永远是对的

怀特12岁时，一天下午在父亲的家具店里打扫地面，一位上年纪的妇女走了进来。怀特问父亲："可不可以由我来接待她？"父亲回答："就看你的了！"

怀特："我能为您做点什么吗？"

妇女："噢，是这样的。我以前在你们店里买了一张沙发，可现在它的一条腿掉了，我想知道，你们什么时候能帮我修好？"

怀特："您什么时候买的？"

妇女："有十年了吧。"

怀特对父亲说，这位顾客想让我们免费为她修理十年前买的旧沙发，父亲吩咐怀特告诉她，下午就到她家里修沙发。

怀特和父亲给那位老妇人的沙发换了一条腿，然后就离开了。在回家的路上，怀特一声不吭，父亲问："怎么了，为什么不高兴？"

怀特："您心里明白，我想上大学，可是，如果总是这样大老远地给人免费修沙发，到头来我们能挣几个钱呢？"

父亲继续说："不能这样想，你得尊重你的顾客，况且，学着做一些修理活儿对你没有坏处。另外，你今天错过了最重要的一个细节：我们把沙发翻过来后，你有没有注意到那上面的标签？其实，这张沙发不是我们店卖的，而是从西尔斯家具店买的。"

"您的意思是，我们为她修理沙发，一分钱不收，而她根本就不是我们的顾客？"父亲看着怀特的眼睛，郑重说道："不！现在她是我们的顾客了。"

两天后，那位老妇人再次光临，这一次她从怀特父亲的店里买走了价值几千美元的新家具。

如今，怀特在销售行业已经干了三十多个年头，他一直给不同的公司做销售代理，而怀特的销售业绩始终是最好的。

就这件事情本身而言，显然顾客是错的，沙发店老板可以理直气壮地说明情况并拒绝为老妇人修理沙发，如果沙发店老板这样做，能说沙发店老板错了吗？但他并没有这样做，在为顾客修好沙发的同时甚至没有向老妇人说明真相。试想，如果顾客错了的时候你据理力争，把顾客说得哑口无言，即便顾客认识到是自己的错误，心里会舒服吗？

"顾客永远是对的"这一商业准则长时间内作为创业者的座右铭，可是在运用这一原则的时候，一定要谨慎行事。当你希望你的销售人员照顾好顾客时，应该让他们记得，应该忠诚的对象是你和你的公司，客户并不会支付他们的工资，而你的利润实现了他们的收入。

如果顾客可以少付钱，那么他们可能就会挤压掉你在产品或服务上的利润；如果一分钟之内，顾客可以找到更好的产品或服务，他们就会马上放弃你。所以，为什么你会想要你的销售人员为顾客服务呢？相反，要训练你的销售人员与顾客建立密切关系，这样就可以时不时地给你的顾客传达一些坏消息，如价格上涨、服务因素导致的成本上升。

"顾客永远是对的"应是一句口号，或者是企业的一种服务理念，而事实上在服务顾客的过程中，顾客不一定都是对的，甚至有的顾客是蛮横的、不讲理的。在把"顾客永远是对的"作为一种服务理念时，应遵循以下几点：

（1）企业不能承担不应有的损失。管理者要告诉员工：如果顾客永远是对的，那么如有顾客认为产品有问题，依据这个原则，肯定要退换，企业就损失了。如果企业拿出的是好产品，而顾客却说是伪劣产品，能说顾客总是正确的吗？

（2）不能迁就客户的刁难。有些客户是很刁难的，总是喜欢无事生非，喜欢挑企业的各种毛病。如果顾客对产品的使用方法不正确，那就是顾客的错。如果顾客故意"不正确"，企业也没有办法。管理者要告诉员工：对那些刁蛮任性、故意挑三拣四的顾客，我们要采取不同的措施。所以企业要防止那些别有用心的顾客，不能一味迁就。

（3）不能被顾客的观点左右。顾客的观点偏向于个人利益，企业不应该被顾客的观点左右企业的规划。管理者要告诉员工：企业与消费者应该是对等关系，正确处理企业与消费者之间的关系应遵循相互信赖、相互尊重的原则。

（4）企业不可能满足所有的顾客。顾客的需要各不相同，所以很难让他们都满意。所以只能说，在特定条件下顾客总是正确的，前提是顾客提出的意见是正确的，我们通过努力是能达到的。管理者要想办法提高产品质量，搞好售后服务以赢得顾客的信任，而不是单方面地遵循"顾客总是正确的"。

（5）使顾客放弃不合理的要求。管理者要告诉员工：对那些恶意攻击企业的顾客，企业奋起反击正是为了维护企业的形象。我们的工作就是要努力使顾客放弃不合理的要求，同时，要帮助顾客树立正确的消费思想。顾客是上帝，但上帝也有犯错误的时候，消费者也应遵循市场经济规律。

消极催眠因素四：不回应你的客户

我们都遇到过粗鲁的乘务员、工作人员和服务员，他们认为消费者的请求对于他们来说是一种负担。但是，公司里是否有跟这些人一样的消极员工？只要有一个，就会影响到你的业务往来，摧毁你多年的客户关系。事实上，对于你的公司来说，这是最糟糕的沉默杀手。

管理者要一遍遍地筛选员工，询问同事和顾客，查看是否有这样的员工，有些同事是知道内情的。一旦你确定了人选，你就可以告诉他们必须改变他们的行为或者直接辞掉他们。你还可以给你的公司制定一个新的规章制度，也可以对你的员工进行相关的培训。

（1）顾客希望被"特殊"对待。管理者要告诉员工：顾客不愿听到"不行"的字眼，当要求不能被满足时，他希望有人能为他做出一些特殊安排，从而满足他的需求。很多时候，当我们用"规定"来拒绝顾客时，并不是因为规定真的如法律一般不可更改或没人能够破例，而只是我们不想因为顾客而给自己找麻烦。

殊不知，你可能就此而失去这个顾客，他去找能够满足他要求的企业，如果我们满足了看似不可能的要求，他的感激往往影响到亲朋好友，好名声便口碑相传。即使最后结果并没有如他所愿，只要他看到了你的努力，你就得到了他长期的信任。

（2）顾客希望一次解决问题。管理者要告诉员工：当顾客遇到难题时，他希望能在一个地方一次性解决问题，而不是在各部门间跑来跑去或被各个责任人推来推去，即使问题超出了企业的能力范围，他也希望你能为他出谋划策，联系有关方面，能否做到这一点，要看你是不是真的以顾客为中心，把他的需求当作自己的需求。

（3）顾客希望真诚地补救。管理者要告诉员工：顾客希望服务中出现的错误能尽快得到有效地弥补和改正。一旦犯了错误应当采取措施让顾客知道你已发现了错误，并做了种种努力来补救。当顾客满意你的补救措施时，他甚至会比以前更忠诚于你。有这样一个故事：

一位美国女记者在日本一家商店购买了一个小收录机，准备第二天返美后送给亲友。但当她回到酒店后，却发现包装盒是空的，气愤不已的她连夜赶稿，准备披露这一遭遇。

谁知第二天早上，当她走出酒店准备去机场时，却意外地看到那家商店经理带领当事售货员一同赶来，除了送来她购买的收录机以及表示歉意的礼品外，还向她解释了整个事情的原委。

原来，售货员一时疏忽，把样品包装盒拿给了她，当发现错误时，女记者已不见踪影。于是只凭着这位美国女记者第二天要回美国这唯一的线索，商店连夜打了100多个电话，向使馆、机场以及各酒店查询，终于找到了这位女士。

听到这个故事后，女记者感动之余，文章也从贬损变为赞叹和表扬。

其实，大部分顾客衡量一个企业服务好坏的标准，不是其日常服务的优劣，恰恰是它对于错误的补救是否及时而有效。

◎ 十个小动作让下属自发地追随你

小动作一：主动征求意见

善不善于向下属征求意见，从某种程度上说，是决定一位管理者是否会成功的不可缺少的因素，同时，这可以决定管理者会不会达到一生中管理事业的最高峰。管理者应多倾听员工的想法，并让员工共同参与到制定工作的决策中来。当管理者与员工建立了坦诚交流、双向信息共享的机制时，这种共同参与决策所衍生出来的激励效果，将会更为显著。

如果懂得主动向下属征求意见，那么企业的文化将会表现出极大的凝聚力。那么，如何向下属征求意见呢？

（1）设立一个专用电话。为了鼓励员工大胆将自己的意见表达出来，可以在企业内部设置一个专门的电话，并且将电话号码进行公示，电话由管理者亲自接听。如果工作实在繁忙，可以采用留言的形式。相信一旦员工感觉到自己被重视，问题被解决，电话将越来越少。

（2）设立快速邮件通道。在网络社会，电子邮件是最普通也是最便捷的联络方式。一些员工可能不太愿意直接向领导提意见，因此设立一个快速邮件通道确实是一个不错的选择。必须注意的是，一旦收到员工的邮件，最好都回复，表明你已经认真阅读，如果对方有要求，则需要给出可以完成的承诺。

（3）设立"草根会议"。为了征求到更为广泛的意见，可以适时召开一些"草根会议"，免去领导讲话的繁文缛节，鼓励员工对企业目前的情况畅所欲言，甚至可以不局限于企业内部的事情。

这时候，你要充当好旁听者的角色，最好不要有任何表达，否则会让会议的性质有改变。只有在充分的交流中，才能把握员工的真实心态。记住，人只有在放松状态下，才是最自然的，也是最真实的。

（4）组织问卷调查。设立调查问卷，也是一种向下属征求意见的方法。为了保证调查问卷可以得到真实的反馈，最好请专业的调查公司帮助设计问卷，同时也要向员工传递这次问卷调查的目的，鼓励帮助员工认真、真实地填写。

对于调查结果，最好予以公开，如此不仅能帮助员工看见企业的真实现状，还可以能将这些反馈上升至管理层，找到解决方案。

小动作二：建立私人的连结关系

有很多管理者总是高高在上，总怕下属了解自己，要让自己保持神秘感，觉得无法靠近，要让下属信服自己。这样的做法是错误的，反而不利于团队的合作，你总高高在上，让下属听命于你，这样没有了应有的创造力。

　　一个团队需要创造力，需要彼此的付出。管理者要时常和下属打交道，让下属觉得你非常有亲和力，什么事都愿意讲给你听。了解下属，让下属理解你的难处，更有利于齐心协力，创造出更高的工作效率。拥有凝聚力的团队，往往彼此互相信任，奔着同样的梦想前行，这样的团队才是最有执行力的。

　　组织或团体中的任何一个人都是平等的，无论是部门经理还是高级管理者，与下属之间并没有本质差别，唯一的差别就是大家分工不同，分处不同的职位，负责不同的工作，但都是朝着同一个目标努力，完成同一个使命。

　　管理者应该虚心请教员工，跟他们打成一片。只有与员工"亲密"接触，才能客观地了解他们的真实想法；加强与员工的沟通，还可能从他们身上获得奇思妙想。员工站在生产或销售的第一线，是最熟悉顾客想要什么的人，管理者只有在与员工交谈、沟通中才能发现实务上存在的问题，扫除掉阻碍公司发展的障碍。

　　美国通用电气公司的前总裁杰克·韦尔奇被誉为20世纪最伟大、最成功的企业家。他在短短二十年内，就把通用电气带入世界500强的前三位，创造了无数的辉煌。他是一个善于与员工打交道的老板，经常与他们"混"在一起，并乐在其中。他从一名技术员升到董事长，几乎在公司的任何一个部门都工作过，总能和员工保持非常融洽的关系。

　　有一次，杰克·韦尔奇在家里举办一个小型派对，不但邀请了公司的高层领导，还邀请了几名基层的员工。为了带动派对气氛，他还让妻子准备卡拉OK，要每个参加聚会的人都献上一首歌曲，很快大家便沉浸在了香槟与音乐的欢乐之中。

　　正当大家玩得非常高兴的时候，几名基层员工提出要先回公司，韦尔奇感到很纳闷。原来，公司正在准备一批产品，按照正常工作时间根本无法完成，即使加班也未必能按时交货。工人怕耽误交货的时间，只好利用周末的时间加班。

　　做事一向果断的韦尔奇，第二天立即召开会议，研究产品的生产计划安排。经过研究才发现，实际上的确如员工所说，不可能在这么短时间内就将产品生产出来。他决定重新制订生产计划，并要求考虑工人的实际情况尽快提出一个解决方案。此外，他还特地去感谢几名基层员工的合理建议。

一次小小的聚会却让韦尔奇意外地发现问题，由此可知，公司的管理者与员工广泛接触，近距离地倾听他们的所思所想，是多么重要。韦尔奇甚至开玩笑说："如果哪些家伙总是不把员工放在眼里，自以为是，不能和员工打在一起，被开除的机会就很大。"

失败的企业家各有各的缺点，但成功的企业家都有一个共同的特点：平易近人。这些成功的企业家大都能与员工保持很好的关系，他们之间不存在上下关系，劳资双方表现出一种如家人一般的亲情。李嘉诚就是这方面的典型例子，他从来没有高高在上、对员工不屑一顾的态度，他非常喜欢和员工交谈、沟通，极具亲和力。

其实和下属"打成一团"不难，但要掌握一定的相处之道，以下几方面可供参考。

（1）对新员工要多一份关爱。管理者可以多和下属吃中午饭，工作时不宜谈的事，吃饭时可以尽情地谈，每到中午，管理者叫上老员工和新员工一起下去，大家互相认识，消除陌生感。

利用晨会，请新员工多发言，让他多得到同事的鼓励。

平常工作时，有机会就去嘘寒问暖一下。私下叫老员工多带带他，这样能让新员工在公司有主人翁的感觉，工作很快上手，工作也变得卖力了。

（2）与员工座谈理想。和下属座谈的时候，要彼此敞开心扉，说说彼此的理想，让下属有奋斗的目标，在彼此的关怀中吐露心声。让每个员工充满梦想前行，毕竟有梦想，做什么都有劲头。

管理者要放下架子，让下属感觉亲切。很多时候，理想跟激情分不开，团队一旦有了激情，就像加满油的法拉利，一路狂奔，以苦为乐。

（3）多一些放松活动。平日就是上班和下班，不要说下面的员工，连管理者有时都会觉得枯燥无比。再这样下去，即使员工能待在办公室里，也不能保证他的心在办公室里，倒不如带他们出去，到附近的景点一起玩一玩。

不要忘记带上一些旗帜和统一衣服，不仅可以活跃现场，还可以有广告作用。中国人是讲人情的，要把办公室带出点人情味。

小动作三：不断问问题

在平时的工作之中，我们经常遇到一种现象：出现问题了，下属马上跑来报告，从起因到过程、到进展，再到谁对谁错、谁是谁非，都能准确无误地表达出来，表达完了，眼巴巴地望着你，等着你拿主意、做决定、下指令。这种现象很普遍，哪怕你只担任过生产小组长，你都会发现，这类现象任何时候都存在于工作之中。

此时的下属，其自身实际上只是扮演了一个望远镜、传声筒的角色，相当于只是在上传下达，表达清楚了，似乎就完成任务了，并没有用脑子进一步思考如何解决问题。这个时候，作为他的领导，究竟应该如何做？于是，种种情况出现了。

第一类情况：有的管理者按照自己的想法和经验，立即给下属下达指令，应该如何处理，应该马上找谁。

第二类情况：有的管理者亲力亲为，马上跟着下属跑，美其名曰第一时间到达现场，以表示领导重视。

第三类情况：有的管理者搔头抓耳，一筹莫展，陷入深思之中。

第四类情况：有的管理者同下属一起出谋划策，共同分析事态的进展，商议解决办法。

这几类情况实实在在地存在于我们的工作之中，经常见到，并没有夸大其词。客观地说，这些处理问题的办法，大多数人都在采用，用这些办法解决问题，本身也无可厚非。但是，仔细分析和推敲，就可以发现，虽然这些办法也能解决问题，但却不是最佳方法，不利于形成良好的工作习惯，不利于对下属工作能力的培养。那么，有哪些情况属于这个问题呢？

第一类情况：只适合于特别有经验的领导，并且这类领导必须对自己所在公司、所在部门和岗位的工作流程、上级和平行部门、直接和间接相关下属部门都非常熟悉，在这种背景下，通过经验去下达指令，才可以解决问题。

第二类情况：除了紧急状态需要立即到达现场处理外，有一个直接危害，就是容易打乱管理者手头上的现有工作，让自己变得像消防队员一样，也容易让下属产生依赖性。

第三类情况：一般发生在对公司现状不熟悉的新任领导，或者经验不足的管理者身上，面对问题时，心中惶惶不安，一时却又拿不出对策，让下属也无所适从。

第四类情况：就是"群众路线"，这样做也有很多好处，但存在两个明显的弊端：一是会让领导在下属面前失去威严，长此以往，会让下属轻视；二是不利于上下级之间形成良好的工作习惯。

这四类情况，无论哪一种，都不是解决问题的最好办法，都不利于下属的成长，不利于培养他们动脑子的习惯，不利于养成下属的工作条理性。那么，最好的办法是什么？如何让下属开动脑子，并形成习惯？

实际工作中，可以这样做：下属报告问题完毕，管理者绝对不马上表态，更不要立即下达指令，而是盯着他，露出一种期待和鼓励的目光，希望他继续讲下去。这个时候，没有动过脑子的下属心里就会惶恐不安，并露出惊慌失措的面色，更不会明白管理者在期待什么了。

3分钟后，如果他还不明白，管理者就直接开口：

第一，这个问题如何处理，你是怎么打算的？上策、中策、下策是什么？

第二，解决这个问题，你需要动用哪些资源，需要领导给你提供什么支持？需要相关平行部门配合什么？需要同事和下属帮你做些什么？

第三，如何通过处理这件事情，达到今后防止类似问题再次发生的效果？从游戏规则、宏观层面，我们应该考虑哪些政策的调整？

下属第一次面对管理者突然提出的问题，当然会感觉比较不安，这是正常的，此时管理者要明确告诉他一种工作方法：遇到问题，除了报告现象外，还要考虑三点：一是解决的对策，二是请求的资源，三是宏观的政策和策略。

　　第二次出现问题的时候，下属在这方面已经有了一定的心理准备，管理者可以再提示一下，补充完整，帮助他完成这个分析理解过程，以巩固效果。

　　第三次出现时，下属就会事先准备一些方案来应对你的提问，而在这个准备过程中，他自然就会开动脑子，想出 1、2、3 条出来。

　　长期坚持这一做法，就会形成习惯。一种工作方式就形成了，而一旦这种工作方式体现在工作之中，管理者就感觉轻松多了，下属无形之中也增强了条理性，形成遇到事情自己先动脑子考虑问题的工作思路和良好习惯。

　　小动作四：赞扬他人的想法

　　有一句古语说得好"想让他人做你想要他做的事，最好的办法是让他认为这件事是他自己想做的"。赞美能让你做到这一点。洛克菲勒曾经说过："要想充分发挥员工的才能，方法是赞美和鼓励。一个成功的管理者，应当学会如何真诚地去赞美他人，诱导他们工作。我总是讨厌挑别人的错，而从不吝惜说他人的好处。事实也证明，企业的任何一项成就，都是在被嘉奖的气氛下取得的。"真诚地赞赏他人，是洛克菲勒取得成功的秘诀之一。

　　有一次，洛克菲勒的一个合作伙伴在南美的一宗生意上蒙受了 100 万美元的损失，洛克菲勒不但没有责备他，反而说："你能保住投资的 60% 已是很不容易的事。"

　　合作伙伴大为感动，在下一次合作中，他获得了很高的利润，挽回了上一次的损失。

　　许多心理试验表明，赞扬对于强化人的行为具有重要作用，因此，它是激励员工的有效手段之一。

　　赞美为何会产生如此大的效用呢？美国心理学家亨利·格达德曾经做过一个有趣的测试，他设计了一种测量疲劳程度的能量测定仪。当他给疲倦的孩子一些赞美时，能量测定仪上的指数就急速上升；相反，斥责孩子时，指数便会突然下降。

　　虽然关于赞美效力的生理机制还没有明确的研究结果，有人假设可能与激活情绪中枢杏仁核促使激素分泌，提高整个机体的活动水平有关。虽然这有待于进一步验证，但赞美效力的存在是毋庸置疑的。

从情商的角度讲，赞美可使他人处于一种积极愉快的情绪状态。人类最基本的情感需要便是被肯定、被尊重，公司里的员工也不例外。

有人曾对几千名销售人员和管理人员进行过调查，要他们依次回答：对于销售人员，什么是最重要的因素？结果，销售人员几乎毫无例外地选择了"工作成绩被肯定"这一点，而管理者们认为这点顶多只能排在第七位。双方认识上的差异显而易见。

调查结果还表明，能对员工的功劳给予恰当重视与肯定的管理人员，其管理绩效也是相对较好的。但凡是人，都希望或者更愿意接受他们的赞扬与鼓励，员工更希望能够得到管理者的赞扬与鼓励。管理者的赞扬可以满足下属的荣誉感和成就感，使其在精神上受到鼓励，从而调动其在工作中的积极性。所以，管理者适时地赞扬与鼓励绝对是一种必要的管理方法。

作为管理者，必须认识到表扬往往很具有权威性，是下属确立自己在同事中的价值和位置的依据。如果下属很认真地做出了一些成绩，虽然此时他表面上装得毫不在意，但心里却默默地期待着管理者给予一番称心如意的嘉奖，而作为管理者的你一旦没有关注，没有及时给予公正的赞扬，他必然会产生一种挫折感，久而久之，对你也会产生看法，"反正也看不见，干好干坏一个样，干多干少一个样"。如果这样的话，你要再调动大家的积极性就很不容易了。

一次有效的赞扬与鼓励至少应该具备三个特点。

（1）赞扬应该实事求是，切忌以偏概全。员工某一方面好，就在某一方面加以表扬，这样员工心中便会建立起鲜明的是非观念，并会努力发扬自己的优点并积极地克服自己的不足。同样，管理者对员工的表扬与鼓励也应如此，应具体到点、到行为，要能够给人以鼓励和信心，使人保持这种行为，继续努力。

（2）表扬要及时，不要拖延。当员工取得成绩时，管理者须切记一点，就是对一件事的表扬切不可耽搁太久才进行，否则将减弱甚至失去其激励的作用和效果，及时给予赞扬和鼓励，能使赞扬取得相应效应。

美国福克公司早期急需一项重要的技术改造。有一天深夜，一位科学家拿了一台能解决问题的原型机闯进了总裁办公室。总裁觉得这个主意非常妙，简直难以置信，就琢磨着该怎样给予奖励。

他弯腰把办公桌的大多数抽屉都翻遍了，总算找到了一样东西，于是躬身对那位科学家说："这个给你！"他手上拿的竟是一只香蕉，而这是当时能拿得出的唯一奖品了……

自那以后，香蕉便演化成了小小的"金香蕉"形别针，作为该公司对科学成就的最高奖赏。由此看出，美国福克斯公司领导对及时表扬的重视。

（3）不要轻易对员工使用"否定"式评价。管理者千万不要轻易对员工使用"否定"的评价。要知道，作为一个管理者，你的一个"否定"评价对员工而言往往是致命的。你可以在瞬间摧毁他所有的自信，因此，一定要慎重，慎用"否定"式评价。

作为一个领导，你得明白你的员工心里多么渴望得到你"肯定"的评价，正面的表扬与鼓励，你的一句夸奖，有可能让他一整天甚至一个星期都精神百倍！这并不是一件复杂的事情，而作为管理者的你却吝惜了这么长时间！

小动作五：注意你的脸部表情

表情是人们内心世界的外在表现，是人们评价仪表美和仪态美的重要依据，更是一个人一生的履历表。人的脸被称为"第一表情"，手、腕、肩被称为"第二表情"，身体和脚被称为"第三表情"。其中，面部表情是体态语言中最丰富的部分，因此人们一般所说的表情往往就是指面部表情，它主要包括，表情编码、微笑和眼神。

面部表情是一种无声的语言，它就像文字一样，可以将我们的内心世界表达出来，对人的语言起着解释、澄清、纠正和强化的作用，是测量人的情绪的主要指标。面部表情可以分为八类：感兴趣—兴奋；高兴—喜欢；惊奇—惊讶；伤心—痛苦；害怕—恐惧；害羞—羞辱；轻蔑—厌恶；生气—愤怒。一般来说，眼睛和口腔附近的肌肉群是面部表情最丰富的部分。

传播学认为，人与人之间交往的效果，45%来自于有声的语言，55%来自于无声的语言。在后者中，视觉印象占75%，包括表情、态度，特别是微笑；谈吐印象占16%；味觉印象占3%；嗅觉印象占3%；触觉印象占3%。健康的面部表情在人际交往中给人的印象是十分深刻的。

面部是最有效的表情器官，面部表情的发展在根本上来源于价值关系的发展，人类面部表情的丰富性来源于人类价值关系的多样性和复杂性。人的面部表情主要表现为眼、眉、嘴、鼻、面部肌肉的变化。在和下属沟通的时候，管理者一定要注意自己的面部表情。那么，面部表情由哪些部分组成呢？

（1）眼。眼睛是心灵的窗户，能够最直接、最完整、最深刻、最丰富地表现人的精神状态和内心活动，能够冲破习俗的约束，自由地沟通彼此的心灵，能够创造无形的、适宜的情绪气氛，代替词汇贫乏的表达，促成无声的对话，使两颗心相互进行神秘的、直接的窥探。

眼睛通常是情感的第一个自发表达者，透过眼睛可以看出一个人是欢乐还是忧伤，是烦恼还是悠闲，是厌恶还是喜欢。

1）有时从眼神中可以判断一个人是坦然还是心虚，是诚恳还是伪善：正眼视人，显得坦诚；躲避视线，显得心虚；斜着眼，显得轻佻。

2）眼睛的瞳孔可以反映人的心理变化：当人看到有趣的或者心中喜爱的东西时，瞳孔就会扩大；而看到不喜欢的或者厌恶的东西，瞳孔就会缩小。

3）目光可以委婉、含蓄、丰富地表达爱抚或推却、允诺或拒绝、央求或强制、讯问或回答、谴责或赞许、讥讽或同情、企盼或焦虑、厌恶或亲昵等复杂的思想和愿望。

4）眼泪能够恰当地表达人的许多情感，如悲痛、欢乐、委屈、思念、温柔、依赖等。

（2）眉。眉间的肌肉皱纹能够表达人的情感变化：柳眉倒竖表示愤怒，横眉冷对表示敌意，挤眉弄眼表示戏谑，低眉顺眼表示顺从，扬眉吐气表示畅快，眉头舒展表示宽慰，喜上眉梢表示愉悦。

（3）嘴。嘴部表情主要体现在口形变化上：伤心时嘴角下撇，欢快时嘴角提升，委屈时撅起嘴巴，惊讶时张口结舌，愤恨时咬牙切齿，忍耐痛苦时咬住下唇。

（4）鼻。厌恶时耸起鼻子，轻蔑时嗤之以鼻，愤怒时鼻孔张大，鼻翕抖动；紧张时鼻腔收缩，屏息敛气。

（5）面部。面部肌肉松弛表明心情愉快、轻松、舒畅，肌肉紧张表明痛苦、严峻、严肃。

一般来说，面部各器官是一个有机整体，协调一致地表达出同一种情感。当人感到尴尬、有难言之隐或想有所掩饰时，其五官将出现复杂而不和谐的表情。

小动作六：积极聆听所有人说话

倾听对管理者至关重要。当员工明白自己谈话的对象是一个倾听者而不是一个等着做出判断的管理者时，他们会倾向于不隐瞒地给出建议，分享情感。这样，管理者和员工之间就能创造性地解决问题，而不是互相推诿、指责。

大概80%的人只能做到层次一和层次二上的倾听，只有20%的人能做到层次三上的倾听。如何实现高层次的倾听呢？

作为有效率的倾听者，通过对员工或者他所说的内容表示感兴趣，不断地推动建立一种积极、双赢的过程。这种感情注入的倾听方式鼓励员工的诚实、相互尊重、理解和安全感，也鼓励员工建立自信，反过来也增强他们的自尊。

那么，要如何倾听呢？

（1）倾听前准备。要保证倾听的有效性，先要与说话者建立信任关系，明确倾听的目的，排除外界干扰，选择和营造良好的倾听环境，选择不易受干扰的、沟通双方感觉平等的适当地点，保证沟通的足够时间，保持虚心、平和的情绪状态及正确的态度。

（2）集中注意力。集中注意力，保持良好的精神状态是倾听的基本要求。专心倾听，是对说话者的一种尊重和鼓励，可以使其感到讲话的重要性和必要性。

在倾听时，管理者要用眼睛注视说话的人，不要东张西望，不要做小动作，不要打哈欠、伸懒腰、看手表，不要打手机、上网、看电视，不要干其他事，注意力集中在谈话的内容上。

管理者不仅思维要高度集中，而且要善于通过细心观察对方的神态、表情、姿势以及声调、语气等非语言符号传递的信息，全面准确地把握下属话语的真实意义和要点。

（3）反应积极。管理者若面无表情、目不转睛、一声不吭、毫无反应地盯着下属，会使下属怀疑管理者是否真的在听或以为自己的讲话有什么不妥而深感不安。因此，倾听时，管理者应根据话语情景，通过微笑、点头、应答、插入提问等方式，对下属的信息内容做出积极反应，使管理者和下属之间形成心理和行为上的默契，产生良好的沟通效果。

（4）善于听弦外之音。管理者既要善于倾听言语中的基本信息，又要善于倾听弦外之音。例如，言语中的基本信息和话语中心的主要事件是什么？表达了什么样的欲望和需求？基本观点是什么？代表什么样的思想状态和情绪……

管理者要善于从说话者的话语层次、手势体态、情绪流露中抓住话语的要点和中心。还要善于倾听言语背后掩盖的内容和情感，了解讲话者的真实想法和感觉，真正听懂话语的意图。

（5）不要轻易打断对方讲话。在倾听对方谈话时，管理者应该认真地听完，并正确领会其真实意图。如果没有听明白，或想进一步了解情况，或想提出不同意见，应该等对方把话讲完后再插话，而且应使用礼貌的语言，如"请允许我打断一下"、"请让我提个问题，好吗"等。经常随意打断对方谈话，是不礼貌的表现，经常随意打断对方谈话的人，只能让人生厌。

（6）不要轻易得出结论。不要中间打断说话者而急于发表自己的观点或下结论，不要当场批评，更不要和说话者争辩。善于倾听的管理者，是等对方讲完才会表达自己的观点。

（7）倾听的回顾与反思。管理者要回顾倾听前的准备、倾听过程中技巧的运用，整理记录相关信息，验证倾听结果与讲话者真实意图及观点的一致性，反思在倾听过程中哪些方面做得较好，哪些方面需要改进，哪些方面需要进一步提高等。

倾听中有六种不同的回应方式：

（1）评价式回应。倾听者要全面、公正、客观、中肯地评价说话人及说话人的话语价值和思想。

例如，男士与女士约会，男士认真倾听女士关于爱情的观点和看法。

当谈话时机成熟时，男士应根据不同情形予以回应：

如果男士很有钱但很丑，可以说完美的婚姻要以坚实的经济为基础而非帅气的面孔；

如果男士很帅但没有钱，可以说世上最幸福的婚姻都是美女和帅哥的婚姻，而悲惨的婚姻都是美女与金钱的婚姻；

如果男士很丑，又没有钱，但很有才，可以说容颜总会衰老，金钱总会用完，唯一长久的是智慧，而且还能遗传；

如果男士很丑，又没有钱，又没有才，可以说大江东去，浪淘尽，千古风流人物如今已是沧海一粟，所以，人生不过是一个过程，平平淡淡才是真。

（2）碰撞式回应。帮助说话者澄清想法、疏导感情、解决矛盾。

有一位年轻人向大哲学家苏格拉底请教演讲术。他为了表示自己口才好，滔滔不绝地讲了许多话，末了，苏格拉底要他缴纳双倍的学费。那年轻人惊诧地问道："为什么要我加倍呢？"苏格拉底说："因为我得教你两样功课，一是怎样闭嘴，二是怎样演讲。"

（3）转移式回应。要从说话者混乱的话语层次、复杂的手势体态、非理性的情绪流露中，抓住说话人的话语中心和要点，将谈话焦点转移到主题上来。例如，当下属的谈话离题太远时，管理者可以礼貌地说："这些问题的确很重要，是不是下次再详谈。现在，我想听清楚刚才你说的那个问题是怎样发生的……"又如，当下属的谈话内容完全离开了沟通目的时，可以说："很高兴聆听您的高见，您看今天我们可以谈多久呢？（得知时间之后）我想在这1小时的时间里，谈两件事情：①我想先了解一下您的需求和实际的想法；②我想针对您的需求，介绍一下这样做将带给您的好处。可以吗？"

（4）提问式回应。当下属表达的信息不完全、不准确时，管理者要采用提问方式予以回应，通过提问澄清和确认信息内容。例如，总经理在听完销售部经理关于市场拓展问题的汇报后，问："你的部门有发展规划吗？是几年的发展规划？你的规划有专家的可行性论证吗？按你的规划实施盈利的可能性有多大？存在哪些风险和困难，你打算怎样克服这些困难？"

（5）重复式回应。没有完全听清楚说话者的意思或产生了歧义时，管理者就要把听到的话重复或解释一遍，并询问说话者这样理解是否正确。

例如：

下属："我尽心尽力地工作，总想使业绩大幅度提高，但公司领导总是什么事都不敢放手让我去做。"

管理者："你似乎没有得到足够的支持。"

又如：

下属："我们的项目经理辞职了，市场竞争又非常激烈，短期内项目很难见效益，公司目前资金也比较紧张，让我们看看这个项目怎么办？"

管理者："你的意思是说这个项目很难再运作下去了？"

重复式回应常用的句型有"根据我的理解，你说的意思是……"、"所以你的观点是……"、"在您看来……"、"我听起来，您的意思是……"、"我不能保证已经理解您的意思，您的意思是……"等。

（6）平静式回应。当下属表达某种感情或感觉显得很情绪化时，管理者应积极给予回应，帮助其克服情绪障碍，降低感情强度。例如，下属讲到兴奋之处，管理者可以用"太有意思了"、"真有趣"等语言来回应；讲到伤心之处，可以用"真是太难为你了"等语言来回应；当下属的观点与管理者的看法基本一致时，可以用"你说的没错"、"我也有同感"等语言来回应；当管理者不赞成下属的观点时，可用沉默或"你也许是对的"、"我不完全赞同你的观点"、"以后再交换看法"等语言来回应。

小动作七：吸引其他人参与

在员工的职业生涯中，归属感可以说是影响其职业走向的一个重要因素。通常，员工的归属感来自于公司为他们提供的机会及完成任务后对他们的认可。因此，管理者要注意满足员工的这种归属感，让员工体会到自己的主人翁地位及价值所在。

要想让下属体会到这一点，一个重要的措施就是要让他们参与到部门的规划与决策中去，让下属献言献策，对于合理的建言要大胆予以采用。这样才能调动员工的工作积极性与主人翁精神，进而打造出一个上下沟通顺畅、内部协调到位的一流战斗团队。

雷神公司在核潜艇配套设备生产上享有盛誉。在一次订货工程合作中，由于种种原因，公司的工程进度大大滞后了，如果不能如期履行合同的话，将会给公司带来巨额的经济损失。

为了解决这一严重的问题，公司立即成立了应急问题处理小组，小组组长亲自来到施工现场，督促上万名技术人员及员工加快施工进度。经过一年的努力，公司终于赶上了进度，并按期将第一批订货交送买方。然而，当完成第二批订货的时候，公司技术部对仓库中即将装运的设备进行了最后一次预检，结果又出现了严重的问题。

原来，技术人员发现有一件设备的主机动力线被剪断了，要知道这种设备可是准备装在核反应堆附近的，稍出差错就会带来无可挽回的惨重后果。于是，技术部立即封存了这批订货，并将情况详细地向总裁做了报告。

对于这样的事故，常规处理方法是将设备转移到安全地区予以全部拆毁。

但如果这样做，不仅失去抓获嫌疑犯的线索，而且公司好不容易建立起来的信誉也将毁于一旦，雷神公司也可能因此而永无出头之日。

总裁当即决定召集全公司员工，把问题公之于众，征求大家的意见，谋求最完善的解决办法，总裁向他们说明了公司面临的危机："伙计们，如果我们不能顺利渡过这场劫难，不止你们，还包括我，全都会流落街头，到贫民窟去寻找我们的立足点。这个棘手的问题关系到公司上下万名员工的共同利益，我没有权力独自做出决定，所以把你们召集起来，就是要寻求一个两全其美的办法，来保住公司的信誉，保住你我的饭碗。好了，大家努力吧，上帝赐福我们。"

在这次危机事件的处理上，小组组长把处理问题的权力充分下放，让每一名员工都有机会提出自己的意见和建议。据事后统计，在危机处理过程中，员工提出的并得以实施的合理化建议居然多达一万多项，它的适用性和价值甚至超过了董事会对此做出的预期，这些建议最终也很好地化解了公司的危机。

雷神公司危机的顺利化解，可以说是让员工参与规划与决策的结果，也是集体智慧的结晶和团体协作的结果。

其实，在国内外的许多企业中，强调员工参与已成了一种形式，即使员工提出了合理化的建议，也得不到真正的贯彻与执行。所以，要想发挥每一个下属的特长与潜力，实现民主式的管理，就要像雷神公司一样让员工大胆地献计献策，并将其中合理的建议予以采纳。这样，不仅能减少部门经营管理方面的失误，还能增强下属的主人翁意识，调动下属的工作积极性，可以说是一举两得。

让下属参与到一些重要的讨论中来，这种做法能激励他们，并且表明你很在乎他们的想法，而且这些时候他们也可能提出好的主意。

有些管理者喜欢发号施令，不愿让下属多发表意见。在紧急事件的处理上，这种做法无可厚非。然而在一些区域性销售策略的拟定、方针的执行等方面，发动下属参与到讨论中来，往往能让他们感受到尊重，确认自己的价值。

一意孤行的管理者往往会众叛亲离，而在众叛亲离之前，就是跟随者们低迷、消极的时期。所以，当员工积极性不高的时候，一定与上级存在某种沟通上的障碍。通过讨论消除障碍，提高员工积极性，不失为一种双赢的做法。怎样才能让下属参与到部门工作中去呢？

（1）给下属一个施展才华的舞台。管理者要相信自己的员工是最棒的，他们每个人都是才华横溢的，只是没有合适的表现机会与实战途径。作为管理者，应该当仁不让地为他们搭建起一个展示才华的舞台。

这个舞台具体到"让员工参与到部门规划与决策"这一点上，可以是部门会议、内部讨论，也可以是下属与经理之间一对一的交流，总之只要是有助于提升部门工作效率的措施，都应该大胆采纳。

（2）增强下属的自信心。管理者要鼓励下属积极参与到部门规划与决策工作中去。如果管理者能够经常给员工以鼓励，那么他们就能更好地认识自我，充分发挥出自己的积极性与主人翁精神，为整个部门献言献策。

（3）对于员工的合理化建议，要坚决予以采纳。试想，如果下属对于部门规划与决策一而再，再而三地提出了合理化建议，而管理者却只是流于形式，最终并不予以采纳的话，那么将会极大地挫伤下属的积极性。因此，对于下属的合理谏言，只要是有助于部门工作的，就要大胆地予以实施。

（4）将员工提出的合理化建议纳入考核之中。要想充分调动员工谏言的积极性，管理者就应该给予相应的鼓励措施。例如，可以将员工在部门规划与决策中所起的作用与所提出的建议纳入对员工的综合考核之中，对于其中的优秀者，应该给予相应的奖励，并将之作为员工晋升的一个衡量因素。

在宝洁公司，经理及经理的绩效与发展下属的能力是息息相关的。他们认为发展下属的潜能是一件非常严肃的事情，而且也是每个经理的重要工作之一。

在发展下属的潜能上，宝洁要求管理者应该将每个员工都当作管理者，经理还应该为员工积极扮演管理者角色提供一个良好的部门氛围，并让员工积极参与到部门规划与决策中来，这也是宝洁公司发展基层员工潜能的一个重要举措。

前任宝洁公司总裁认为："别让员工感到被过度管理，应该将责任与决策下放到组织基层。"

作为跨国巨头的宝洁公司，如此重视对基层员工潜力的开发，显然是有其深刻用意的。因此，对于所有的管理者来说，都应该充分认识到这一点——不要总是让员工感到处于一种被管理的状态，应该适当地将他们摆到决策者的位置，并为部门的规划和决策尽一份力。

小动作八：注意私下的打招呼方式

有很多人不重视打招呼，觉得天天见面的同事用不着每次看见都打招呼；而对于不太熟悉的人，又觉得如果对方认不出自己会造成尴尬；还有些人不愿意先向别人打招呼，他们老是在心里想："我为什么要先向他打招呼？"

主动打招呼所传递的信息是："我眼里有你。"谁不喜欢自己被别人尊重和注意呢？如果管理者持续主动和下属打招呼一个月，你在单位的人气可能会迅速上升。见了领导主动打招呼，说明你心中敬重领导；见了同事主动打招呼，说明你眼里有同事；见了下属主动打招呼，说明你体恤下属。永远记住，你眼里有别人，别人才会心中有你。

其实，管理者完全可以通过打招呼让自己更加吸引人。主动打招呼是联络感情的手段、沟通心灵的方式和增进友谊的纽带，所以，绝对不能轻视和小看打招呼，而要有效地打招呼，应该先积极主动地跟别人打招呼。

（1）主动和员工打招呼的方式：

1）主动打招呼不等于低三下四。有些管理者认为，主动跟别人打招呼代表比别人低下，其实恰好相反，主动打招呼说明你有宽广的胸怀和积极的人生态度。

民间有句俗话："大官好见，小鬼难缠。"大官随和易见，主动跟下属打招呼，是其自信的表现；小官故意端架子，正是他生怕别人不承认他的权威，这也恰恰显示出他的不自信。每个人都希望别人看到自己的自信，那么管理者就应该先养成主动跟别人打招呼的习惯。从今天开始，见到单位的同事和领导，主动向他们打招呼"您好，小王！"、"您好，李总！"不久后，你就会给别人留下自信热情的印象。

2）主动打招呼是职位升迁的通道。

同时进入单位的两个年轻人，一年后一个升为了部门经理，另一个却还是普通员工。他们职场命运的差异并不是因为能力有多大差别，而是因为日常处事细节的差异。

前者见到领导和同事都会主动打招呼，因此给大家留下了热情自信的印象；而后者见了领导躲着走，见了同事装作没看见，因此给同事和领导留下没有礼貌、不合群的印象。如此一来，职场命运出现这么大的差异也是意料中的事。

你不主动跟领导和同事打招呼，对他们来说并无任何损失。对于领导来说，有很多人想去结交他，也不少你一声问候，可是对你的影响却大了，你不仅得不到领导的认可和赏识，也没有和同事拉近距离，在这样的状况下怎么会得到提升呢？

主动跟别人打招呼，不仅让别人心情畅快，更重要的是，可以为你创造一个良好的工作环境。领导赏识、同事认可，在这样的环境里工作，你自然会有很好的发展。

3）主动打招呼创造美好环境。在发达国家，当别人为你提供服务和帮助时，你要给对方小费，但是在中国，小费并不普遍，因此，为了对为你提供服务的人表示尊重，主动打招呼是中国式小费。

见到公司保安主动打招呼："您好，今天是您值班啊，辛苦了！"这时，保安觉得自己受到了重视，站姿更加标准，下一次见到你时，他很可能会主动帮你提东西；见到同事时点头问候，一句简单的"您好"会在潜移默化中营造出和睦的职场关系；见到公司的保洁阿姨，主动问候："阿姨您好，您把地拖得真干净，都可以当镜子使了。"一句问候不仅有利于建立良好的关系，还可能换来更加干净整洁的工作环境。

4）主动打招呼要关注被冷落的人。对于那些被冷落的人，一声主动的轻声问候对他意义非凡。有些管理者在位时被人前呼后拥，别人见面都主动和他打招呼，而退休之后"门前冷落车马稀"，他便更加在意别人对他的问候。这时，一个问候对他非常珍贵，会给他留下深刻的印象。

另外，在社交场合，一些普通的参与者经常被冷落一旁，而人们只关注显赫的成功人士，此时，管理者应当用主动的关心和问候去融化普通参与者内心的冰山。例如，在餐桌上，除了赞美老总之外，还要顾及司机，一句"张师傅车开得很好"，会让司机开心，老总也会觉得你做事周全，因为"强将手下无弱兵"，赞美一个人的下属，其实也是变相地赞美这个人。

（2）灵活选择打招呼的方式。打招呼的方式是多种多样的，可以是微笑、点头、握手、招手、拥抱等，根据亲疏程度和地域文化的不同，打招呼的方式也不同。

在职场中，跟别人打招呼要根据当时的具体情况来决定打招呼的方式。如果正在行走，在跟别人打招呼时，要停下脚步或者放慢行走速度；如果你坐在座位上，跟同事打招呼时，微笑着点点头或者欠欠身都可以；如果在室外相距一定距离跟同事打招呼时，要微笑着向对方招手；如果在拥挤的电梯里，没有人说话，你最好也不要开口；若遇到同事向你打招呼或是目光相遇，应适时地点头、微笑，甚至回应，视而不见是不可取的。

微笑本身就是打招呼的一种方式，但无论以哪种方式打招呼，都应该微笑，包括握手的时候。不论什么时候，打招呼时都要面带微笑，眼睛看着对方，这样才会给人真诚的感觉，让人感觉你不是敷衍了事。

掌握常用的打招呼语言。和别人见面打招呼时，最常用的问候语言是"你好"，对长辈要用"您好"，这也是最简洁明了的打招呼方式。在生活节奏如此快的今天，见面时一句简单的"您（你）好"就显得礼貌多了。

中国人还有一些比较有中国特色的打招呼语言，就是"你吃了吗？"两个中国人见面经常会问："你吃了吗？"其实这个问候语的意思并不是非要问对方"吃了没，吃的什么"，而是表示"我看见你了，跟你打招呼呢"。这时简单地回应对方即可。但是需要注意的是，在问候外国人时，不应当用这个打招呼语言，否则对方可能会不明所以。

（3）声音的秘密。电影《窈窕淑女》讲述了这样一个故事：

语言学教授希金斯将一个满是乡下口音的卖花女伊利莎在短期内训练成为一个操着贵族口音、出没于上流社会的千金小姐。而这有效的短训是从什么地方开始的呢？答案是声音和语言。

希金斯教授让伊利莎在留声机上一遍又一遍训练语音和语调，之后才是着装、姿态、社交礼仪训练。

可见，要改变一个人的谈吐，声音里蕴藏着巨大的可挖掘能量。管理者如果有谈吐障碍，他的权威就会受到影响；一个管理者的声音如果不招人喜欢，其魅力和美好形象就会大大受损。反之，如果我们剔除了这些说话障碍，谈吐印象分就会攀升得很快。

（4）尽量不用鼻音。说话如果用手捏住鼻子，发出的声音就是一种鼻音。在现实生活中，用鼻音说话会让人产生不舒服的感觉，因为用鼻音说话让人听起来感觉毫无生气且十分消极，像感冒了一样。因此，如果你希望说服一个人，就千万不要用鼻音说话，要用胸腔发音。只有字正腔圆地说话才能对别人产生说服力。

用鼻音说话给人消极压抑的感觉。说话声音不能过尖或过低，尖锐的声音比沉重的鼻音更加难听，印象中那些又高又尖的声音，往往是女人在遭受惊吓或刺激时发出的声音，或是生性泼辣的女性骂人时发出的声音，那些声音非常刺耳，常常给我们不舒服的感觉。但是，这并不是说声音低就是好的。相反，声音过低也会让人觉得此人身心疲惫、萎靡不振。而且这时发出的声音听起来十分苍老，缺乏热情和力量。

管理者不能将低语与柔和清晰的说话混为一谈，即使你以最低的声音说话，你的声音也需要助力。也许，有些管理者认为，说话低声细语是一种女性特有的温柔，事实上，这只是一种表面的做作，而非真正的温柔，千万注意自己的声音要表达适度，只有这样才能进行有效的交流。

小动作九：有建设性地响应不同意见

如果管理者不考虑多种可供选择的测试标准，那么他的思路一定非常闭塞。正确的决策绝非是在一片欢呼声中做出来的。只有通过对立观点的交锋，不同看法的对话，以及从各种判断中做出选择之后，管理者才能做出这样的决策来。因此，决策的第一条规则就是：必须听取不同的意见，否则管理者根本无法决策。

曾长期担任美国通用汽车公司总经理和董事长的艾尔弗雷·德斯隆在一次高级管理委员会的会议上说："各位先生，据我所知，大家对这项决策的想法完全一致。"

与会者纷纷点头表示同意。"但是，"德斯隆先生继续道："我建议把对此项决策的进一步讨论推迟到下一次会议再进行。在此期间，我们可以充分考虑一下不同的意见，因为只有这样，才能帮助我们加深对此决策的理解。"

德斯隆做决策从来不靠"直觉"，他总是强调必须用事实来检验看法。他反对一开始就下结论，然后再去寻找事实来支持这个结论。他认为，正确的决策必须建立在对各种不同意见进行充分讨论的基础之上。

讲究效益的管理者懂得如何鼓励别人发表不同的意见。从不同意见中汲取营养，这可以帮他识别那些似是而非的片面性看法，使他在作决策时有更加广泛的考虑和选择的余地。万一决策在执行过程中出现了问题或发现了错误，也不会手足无措。管理者可以将那些听上去似乎有理的意见转化为正确的意见，然后再将正确的意见转化为好的决策。

作为管理者，你要做的工作只是宏观把握，高瞻远瞩，而不是关心那些具体的细枝末节，因此，你要决定的是告诉你的下属去做什么事，至于具体怎样做，你应该放心地由下属去思考，切忌独断专行，不管大事小事，什么都是自己说了算。

一个人的能力是有限的，而大家的合力是巨大的，如果仅仅按照个人的意愿去办集体的大事，往往具有很大的局限性。必须坚持听取不同的意见，这是唯一一条可以保护管理者不被机构看法所左右的措施。

每个人都以自己的观点来影响管理者，每个人都是一位专门的说客，都希望决策符合自己的想法。唯一能使决策人摆脱这种特殊呼声以及先入之见的办法，就是在决策之前先对各种不同意见进行辩论，让不同的看法提出各自的论据，只有这样，管理者才能充分考虑种种不同的意见。

不同意见可以为管理者提供各种不同的选择余地。谁都知道，人多力量大。同样，人多智囊全，大家共同的主意远比个人的想法要全面得多。仅凭一个人的想法去办事，多有偏颇之处，如果作为一名管理者却忽略了集体的力量和才智，那将是你最大的失败。因此，管理者要给下属足够的思考空间和发言的机会。

如果管理者在决策过程中已经考虑过各种可选择的方案，那么在情况发生变化时，管理者因为有了一些经过思考的、做过研究的、自己深刻理解的方案可供选择，他就能有备无患。如果没有这样的回旋余地，一旦发现决策难以执行，他就会感到束手无策。

不同意见有助于激发人的想象力。管理者所要处理的是一些难以预料的事情，很多事情都需要"创造性的"解决方案，否则就难以开创新局面。从这个角度来讲，管理者需要有丰富的想象力，因为缺乏想象力的管理者不可能从另一个不同的、全新的角度去观察和理解问题。

有丰富想象力的人并不是太多，但也并不像人们认为的那么稀少。想象力需要被激发后才能充分地发挥出来，否则它只是一种潜在的、尚未开发的能力。不同意见，特别是那些经过缜密推断和反复思考的、论据充分的不同意见，便是激发想象力的最有效的因素。只有将想象力的"开关"打开，想象力才能像自来水一样不断地流出来。而想象力的"开关"不是别的，就是不同意见的有序争论。

为了让员工敢"开口"，管理者必须做到：

（1）将企业的现状坦诚地告诉员工，并鼓励员工发言。要想解决企业的问题，企业里的每一位员工都应对企业的情况有清醒的认识，管理者要不断地把企业的状况告诉广大员工，要鼓励他们出主意、想办法，企业上下齐心协力来克服困难。

如果企业里的员工都是些唯唯诺诺、无胆无识的"家鸭"，那么，管理者这个光杆司令是不可能只手撑天、扶大厦于将倾的。为使企业永远充满朝气，就应有广开言路的管理者和一大批有才干、敢创新的优秀人才。这样的人才在很大程度上取决于管理者的培养，取决于企业里是否有一种鼓励发表意见的气氛，取决于员工是否具备"野鸭"的精神。

（2）主动去找下属谈，并征询下属的意见。你有没有打算让你的下属成为你智囊团的新成员呢？

也许他们的某些构想将会对整个集体有用，但如果你不采用的话，那简直是一大损失，你是否考虑到把听取意见形成一种制度呢？这与设置意见箱、意见簿之类的做法是不同的，那些从某种程度上说只是一种形式主义，因为管理者往往是不明了问题的真正所在，所以有些形同虚设，并没有起到什么作用。

管理者要拿出一些时间来同你的下属谈话，征求他们关于本企业的意见和建议。如果所得的构想对企业是有益的，就应该提到议程上来加以考虑、讨论和实施。我们相信，一个迅速发展的企业，只有注重内部人才的利用，发挥他们多方面的潜力，才能使企业健康快速地发展壮大。

（3）不可有先入为主的想法，并区分是非黑白。管理者不能有先入为主的想法，似乎只有一种建议是对的，而其他所有的建议都一定是错误的。也不能一开始就抱着这样的想法："我是对的，他是错的。"管理者必须从一开始就要下决心搞清楚为什么人们会持有不同的意见。

职场中，蠢人和搬弄是非者总是存在的。不过，他们绝不会认为持不同意见者不是蠢人便是狡诈之徒。他们还懂得，除非有确凿证据证明某人别有用心，否则就应该把持异议者看作是头脑正常和没有偏见的。如果他得出了一个明显错误的结论，那也是因为他所关心的和看到的是问题的另一个方面。

管理者会自问："我们应该向他做哪些说明，才能使他的观点站得住脚？"管理者所关心的，首先是理解，其次才去考虑谁是谁非。

不管自己的感情有多强烈，也不管多么肯定对方的观点，一个想做出正确决策的管理者，必须要强迫自己了解不同意见，因为不同意见就是推敲各种可选办法的必要工具。有了这一工具，管理者才能确保各个主要方面都能认真地考虑到。

总之，善不善于纳谏，从某种程度上说，是决定一位管理者是否成功的不可缺少的因素。下属的工作动机是多种多样的，他们的意见代表了不同层次、不同方面的各种情况，正确地听取他们的意见，营造一种民主的氛围，无疑会让每位员工都感到舒心，从而刺激其工作积极性。切不可忽视这些至关重要、影响全局的因素。

小动作十：不要常打断别人讲话

插话者总是在你津津有味地谈着某件事的时候，冷不防地半路杀进来，让你猝不及防，不得不让人偃旗息鼓。他不会预先告诉你，说他要插话了。插话者有时不管你说什么，都将话题移到自己感兴趣的方面上，有时是把你的结论代为说出，以此得意洋洋地炫耀自己的光彩，无论是哪种情况，插话的人都会使人顿生厌恶之感，因为随便打断别人说话的人根本就不知道尊重别人。

弗·培根曾说过："乱插话者，甚至比发言冗长者更令人生厌。打断别人说话是一种最无礼的行为。"每个人都会情不自禁地想表达自己的愿望，但如果不去了解别人的感受，不分场合与时机地就打断别人说话或抢接别人的话头，就会扰乱他人的思路，要讲些什么反而都忘了，引起对方不快，有时甚至会产生不必要的误会。随便打断别人谈话或中途插话，是不礼貌的行为。但现在公司里的很多员工却普遍有这种陋习。

一个精明而有教养的人在与别人交谈时，即使对方长篇大论地说个不休，也绝不会插嘴，因为打断他人说话，不仅不礼貌，而且也不易谈成事情。在商务宴会上，你时常可以看到同事正和另外一个不认识的人聊得起劲，此时，你可能就会有加入进去的想法。而实际上呢？你只不过想听听他们到底在讲些什么罢了。

但是，你不知道他们的话题是什么，而且你突然加入，可能会令他们觉得不自然，也许话题因此结束。更糟的是，也许他们正在进行着一项重要的谈判，却由于你的加入使他们无法再集中思想而无意中结束了这笔交易，或许他们正在热烈讨论，苦苦思索想解决一个难题，正在这个关键时刻，也许就由于你的插话，导致他们未成功找到有利的解决办法。后来场面气氛就会转为尴尬而无法收拾。此时，大家一定会觉得你很没礼貌，进而导致人家都厌恶你。

当管理者与下属交谈时，更不能自以为是地随便打断下属说话，否则下属肯定会闭上嘴。中途插嘴表达意见，不仅会让下属觉得你不可理喻，还会让对方蔑视你。如果碰到性格暴躁的下属，恐怕就会在心里大声怒喝："闭嘴！听我把话说完！你要都知道，那么你来讲好了！"所以，在给下属安排工作的时候要静静地听，适时地点头答"是"，表示自己了解下属提出的疑问。

管理者在给下属安排工作的时候，通常会做出各项说明，而下属可能会提出各种疑问。在这种情况下，应答的方式宜稍迟，太快答应会显得草率。下属说话时不要在旁边泼冷水。"这恐怕做不到吧！""即使搞市场调查也没用！""这不是已经做了好几次了吗？没有必要再做了嘛！"除此之外，即使下属说完以后，也不要立刻表示反对。

在公司里，你要时刻记住，要想让别人喜欢你，接纳你，就必须根除随便打断别人说话的陋习，在别人说话时千万不要轻易插嘴。因此，不要用不相关的话题打断别人说话；不要用无意义的评论打乱别人说话；不要抢着替别人说话；不要急于帮助别人讲完事情；不要为争论鸡毛蒜皮的小事而打断别人的正题。

但是，如果别人与你说话的时间明显拖得过长，他的话不再吸引人，甚至令人昏昏欲睡；他的话题越来越令人不快，甚至已经引起大家的厌恶，你就不得不中断对方谈话。这时，你也要考虑在哪一个段落中断比较好，同时也应照顾对方的感受，避免给对方留下不愉快的印象。怎样中断这样的讲话呢？

（1）直接以"好了，就到这里！"中断对方谈话。这一般仅限于对方的态度很强硬。

（2）对方谈话告一段落，立即接口谈自己的看法。

（3）以"现在没有时间了"、"我还有其他的工作"等理由来中断对方的谈话。

（4）以频频看表、打哈欠、伸懒腰，以及摆出一副表示自己已经不感兴趣的神情，来使对方中止谈话。

（5）向对方表明自己"有急事"或"请你长话短说，我没有时间"来中断对方的谈话。

第八章 催眠式管理中不可不知的十八大心理效应

一个单位或团体的兴衰，除了与其人员素质、经济实力、技术先进程度、市场供求状况以及社会政治经济体制和有关政策、法规等外部环境因素相关外，还与其领导者及内部管理人员能否有效地利用和把握好团体管理中的心理效应有着很大的相关性。

下面，将团体管理中的不可不知的十八大心理效应与大家分享。

◎首因效应：人靠衣裳马靠鞍

首因效应也叫首次效应、优先效应、第一印象效应。它是指当人们第一次与某物或某人相接触时会留下深刻印象，个体在社会认知过程中，通过第一印象最先输入的信息对客体以后的认知产生的影响作用。第一印象作用最强，持续的时间也长，比以后得到的信息对于事物整个印象产生的作用更强。

在社会认知中，个体获得对方第一印象的认知线索往往成为以后认知与评价的重要根据。首因效应的产生与个体的社会经历、社交经验的丰富程度有关。如果个体的社会经历丰富、社会阅历深厚、社会知识充实，则会将首因效应的作用控制在最低限度；另外，通过学习，在理智的层面上认识首因效应，明确首因效应获得的评价一般都只是在依据对象的一些表面的非本质的特征基础上而作出的评价，这种评价应当在进一步交往认知中不断地予以修正完善，也就是说，第一印象并不是无法改变，也不是难以改变的。

心理学家认为，由于第一印象主要是性别、年龄、衣着、姿势、面部表情等"外部特征"。一般情况下，一个人的体态、姿势、谈吐、衣着打扮等都在一定程度上反映出这个人的内在素养和其他个性特征，不管暴发户怎么刻意修饰，举手投足之间都不可能有世家子弟的优雅，总会在不经意中"露出马脚"，因为文化的浸染是装不出来的。看看下面马铣的故事。

那天上午，马铣赶到一家公司参加最后一轮应聘，主考官是公司的老总。考试时间快要结束时，马铣才满头大汗地赶到了考场。老总瞟了一眼坐在自己面前的马铣，只见大滴的汗珠子从他额头上冒出来，满脸通红，上身一件红格子衬衣，加上乱糟糟的头发，给人一种疲疲塌塌的感觉。

老总仔细地打量了他一阵，疑惑地问道："你是研究生毕业？"似乎对他的学历表示怀疑。马铣很尴尬地点点头回答："是的。"接着，心存疑虑的老总向他提出了几个专业性很强的问题，马铣渐渐静下心来，回答得头头是道。最终，老总经过再三考虑，决定录用马铣。

第二天，马铣第一天来上班，老总把马铣叫到自己的办公室，对他说："本来，在我第一眼看到你的时候，我就不打算录用你，你知道为什么吗？"马铣摇摇头。

老总接着说："当时你的那副尊容实在让人不敢恭维，满头冒汗，头发散乱，衣着不整，特别是你那件红格子衬衫，更显得不伦不类的，不像个研究生，倒像个自由散漫的社会小青年。你给我的第一印象太坏，要不是你后来在回答问题时很出色，你一定会被淘汰。"

马铣听罢，这才红着脸说明原因："昨天我前来面试时，在大街上看见有人遇上车祸，我就主动协助司机把伤员抬上的士，并且和另外一个路人把伤员送去医院。从医院里出来，我发现自己的衣服沾了血迹，于是，我就回家去换衣服。不巧我的衣服还没干，我就把我二弟的一件衬衫穿来了。又因为耽误了时间,我就拼命地赶路,所以,虽然赶上了,却是一副狼狈相……"

老总这才点点头说:"难得你有助人为乐的好品德。不过,以后与陌生人第一次见面,千万要注意自己给别人的第一印象啊!"

马铣的工作很出色,不出半年,就被升为业务管理者,深得老总的器重。

从以上的求职小故事中,我们可以看到,第一印象相当重要。有时候,第一印象可以决定一个人的前程甚至命运。心理学家给第一印象取了一个很好听的专业名词,叫作首因效应。

首因效应体现在先入为主上。这种先入为主给人带来的第一印象是鲜明的、强烈的、过目难忘的。对方也最容易将你的首因效应存进他的大脑档案,留下难以磨灭的印象。

首因效应是指最初接触到的信息所形成的印象对我们以后的行为活动和评价的影响,实际上指的就是第一印象的影响。第一印象效应是一个妇孺皆知的道理,为官者总是很注意烧好上任之初的"三把火",平民百姓也深知"下马威"的妙用,每个人都力图给别人留下良好的第一印象……

虽然我们也知道,仅凭一次见面就给对方下结论过于草率,首因效应并不完全可靠,甚至还有可能出现很大的差错,但是,绝大多数人还是会下意识地跟着首因效应的感觉走。所以说,若想在职场中获得下属的好感和认可,就应当给别人留下良好的首因效应。为此,初次与别人见面时,千万要注重自己的衣着打扮,穿着要整洁,打扮应适度,言谈举止要得体,尽可能给别人留下一个美好的印象。

◎ 近因效应:新气象,新开始

与首因效应相反,近因效应是指在多种刺激一次出现的时候,印象的形成主要取决于后来出现的刺激，即交往过程中，我们对他人最新的认识占了主体地位，掩盖了以往形成的对他人的评价，因此，也称为新颖效应。

多年不见的朋友，在自己脑海中印象最深的，就是临别时的情景；一个朋友总是让你生气，可是谈起生气的原因，大概只能说上两、三条，这也是一种近因效应的表现。在学习和人际交往中，这两种现象很常见。

有这样一个例子：

面试过程中，主考官告诉应聘者可以走了，可当应聘者要离开考场时，主考官又叫住他，对他说，你已回答了我们所提出的问题，评委觉得不怎么样，你对此怎么看？

其实，主考官做出这么一种设置，是对应聘者的最后一考，想借此考察一下应聘者的心理素质和临场应变能力。如果这一道题回答得精彩，大可弥补此前面试中的缺憾；如果回答得不好，可能会由于这最后的关键性试题而使应聘者前功尽弃。

又如：

某人突然出现了异常言行，使别人印象非常深刻，以致推翻了根据过去此人一贯表现所形成的看法，从而形成一定的偏见。

难怪有时候一句话会伤了多年的和气。事实上，如果你能够把别人近期的异常表现视为以往的任何一件事，甚至是非常重要的一件事，不会因近因效应而影响你的判断。

同首因效应相反，近因效应使人们更看重新近信息，并以此为依据对问题做出判断，忽略了以往信息的参考价值，从而不能全面、客观、历史、公正地看待问题。

近因效应是存在的，首因效应也是存在的，那么，怎样去解释这种矛盾的现象呢？通过大量的实验证实，首因效应和近因效应依附于人的主体价值选择和价值评价。在主体价值系统作用下形成的印象，被赋予了某种意义，被称为加重印象。一般而言，认知结构简单的人更容易出现近因效应，认知结构复杂的人更容易出现首因效应。

研究发现，近因效应一般不如首因效应明显和普遍。在印象形成过程中，当不断有足够引人注意的新信息，或者原来的印象已经淡忘时，新近获得的信息的作用就会较大，就会发生近因效应。

个性特点也影响近因效应或首因效应的发生。一般心理上开放、灵活的人容易受近因效应的影响；而心理上保持高度一致，具有稳定倾向的人，容易受首因效应的影响。

◎ 权威效应：人微言轻，人贵言重

权威效应，又称为权威暗示效应，是指一个人要是地位高，有威信，受人敬重，那他所说的话及所做的事就容易引起别人的重视，并让他们相信其正确性，即"人微言轻，人贵言重"。

一个服装商人在市中心经营一家历史悠久的西装店。他的经营很有特色，一些有名望的人，如电影明星或运动员都到他那里去订做西装。当然，他做的西装价钱都非常昂贵，但是，来光顾的客户并不在意价钱。

有趣的是，这个经营者自己所穿的西装却是在百货公司打折时购买的。一些不认识他的人第一次见他时，总认为他的穿着是最好的，对他夸奖道："真不愧是生意人，你穿的衣服的确和大家不同。"

他在被夸奖时，一定会纠正对方："不！我这衣服是打折买的。"那些恭维他的人听了这番话，反而感觉他十分谦虚。

另一个有名的建筑师，也说过同样的话。

建筑师在市郊买了一栋住宅。到他家拜访的客人都说："哇，好漂亮，真不愧是一流建筑师所盖出来的房子。"与前面那个西装店的老板不同之处是，这位建筑师会任由客人夸奖，然后再回答："不，这只是一栋古典式的旧房子，并不是我设计的。"可是，来拜访的客人怎么可能相信呢？

这两个故事说明了人们的心理，人们经常附和比自己优秀的人，或是权威者的意见和判断，特别是在不太认识的人或不懂的事物面前，自己无法判断并下评语时，这种倾向尤其明显，这就是心理学上所说的权威效应。

如果要让一个完全没有主张，也没有判断力的人来附和你的意见，可以巧妙地运用权威效应法，也就是说，当一个人的心理像一张白纸时，对他用"伟大的人物或名人的意见来判断"，原本白纸状态的他就会倒向你这边了。

有一个心理学家做了一个实验：

他让被实验者听两种音乐录音，一种知名度不高，另一种屡获评论家推荐，听完之后，要被实验者说出哪种音乐录音较好。结果发现，被实验者纷纷指出"两者比较起来，前者似乎毫无价值"。

很显然，这些被实验者受到了很有名气的音乐评论家意见的影响，而所谓的"名气"往往都隐藏着某种陷阱。所以，实验的结果是，大多数被实验者的意见都与评论家的意见相同。管理者在工作中完全可以有效利用"权威效应"来维护自己的权益，实现自己的想法，使自己的才华得到展现。

人们都有一种"安全心理"，即人们总认为权威人物的思想、行为和语言往往是正确的，服从他们会使自己有种安全感，增加不会出错的"保险系数"。同时，人们还有一种"认可心理"，即人们总认为权威人物的要求往往和社会要求相一致，按照权威人物的要求去做，会得到各方面的认可。因此，这两种心理就诞生了权威效应。

在企业中，领导也可利用权威效应去引导和改变下属的工作态度以及行为，这往往比命令的效果更好。因此，一个优秀的领导肯定是企业的权威，或者为企业培养了一个权威，然后利用权威暗示效应进行领导。当然，要树立权威就必须要先对权威有一个全面深层的理解，这样才能正确地树立权威，才能让权威保持得更加长久。

◎冷热水效应：摆起"黑"与"白"两副面孔

一杯温水，保持温度不变，另有一杯冷水，一杯热水。当先将手放在冷水中，再放到温水中，会感到温水热；当先将手放在热水中，再放到温水中，会感到温水凉。同一杯温水，出现了两种不同的感觉。这就是心理学上所说的冷热水效应。这种效应的产生，是因为人们对于"冷"和"热"的标准处于不断变化中。

当手放进冷水里的时候，他对于温度的感知就有了一个标准，比这个标准高的温度，就是热。反之，当他把手放进热水里的时候，他对于温度的感知标准就是这杯热水的温度，比它温度低的就是凉水了。

其实还是那一杯水，只是你心里衡量的尺度不一样了，对事物的认识也跟着发生变化，这种现象在我们的工作中有很大的作用。有时候，要让下属做某一件事，在提出请求的时候，你可以把要求提得高一些，然后再降下来，这样，你先让对方在"热水"里泡一下，他就会认可"温水"了。

"五一"假期即将到来，晓梅和同事们商量着让老板出点儿血，带大家到郊外的明湖玩一趟。他们也知道老板平时比较"抠"，想说服他不是一件容易事，大家商量了一下，决定让晓梅和两个同事出面游说老板。为了一举成功，她们给老板设下了一个小小的圈套。

晓梅三个人来到了老板的办公室，告诉老板她们想利用"五一"假期到海南进行自助游，询问老板是不是也参加。老板一听，马上摇头："去海南？太远了，去掉路上的时间，能够玩几天？花钱不少还玩不痛快，我不去！"

"可海南四面环海，那么大的一片海洋，多令人神往啊！"晓梅继续劝道："老板，如果你觉得费用太高的话，我们大家可以负担起来，这么长时间以来，您对我们大家关照有加，就算我们大家表达对您的谢意吧。"

老板还是摇了摇头，说："不是钱的问题，主要是路途太远了，公司里的事情这么多，不但我离不开，就是你们离开太久了，万一有什么急事，处理起来也会很棘手的。"

晓梅装出恍然大悟的样子："对啊，咱们都去旅游了，万一公司有事可怎么办呢？要不，咱们不去了？"另一个女孩摇了摇头："那怎么好？大家都商量这么长时间了，说不去就不去，大家多失望啊！"

晓梅想了想，说："要不这样，咱们还是出去玩，还是自助，不过就别去那么远了，我听说郊外的明湖最近开放了，景色也不错，要不咱们去那里？"另两个女孩思忖了一会儿，点了点头，晓梅笑呵呵地对老板说："谢谢您的提醒，这下可给我们省下大钱了，我们去明湖，您一定要去，我们负担您的费用。"

老板听了，脸上的皱纹舒展开了，他挺直腰板，对晓梅他们说："我支持你们去明湖，费用嘛，公司全包了！"

管理者经常要做一些让别人不高兴的事，例如，让下属换一个不太理想的工作岗位、准备给员工降薪，这些事都关系着别人的切身利益，处理不好，会使事情陷入僵局，弄得里外不是人。如果合理地运用冷热水效应，这些问题解决起来就会容易一些。

受金融危机的影响，有一家贸易公司的盈利大幅度下降，要想保住公司，就必须节约开支，其中的一项重要举措就是降低所有领导和员工的薪水。

总经理为了这件事情伤透了脑筋，他首先担心的是大家不接受降薪方案，其次又怕降薪导致核心员工远走高飞。思忖良久，他采取了两步走的办法：首先，他通过各部门联席会和员工大会的机会，实事求是地分析了公司目前遇到的困难，并暗示有可能对公司进行裁员。这下大家心里都不踏实了，都在琢磨：自己要是被裁掉了可怎么办呢？

等了一段时间，总经理再次召开全体员工大会，提前告诉大家，有重要的事情宣布，这下大家心里更发毛了——肯定是要宣布下岗工人名单啊！里面可千万不要有自己啊！怀着惴惴不安的心情，大家来到了会议室。

　　总经理告诉大家：虽然公司目前遇到了前所未有的困难，但是考虑到大家都是一起打拼过来的，对企业有功，实在不忍心让大家离开。可公司目前负担很重，强撑下去，最终也会被拖垮，导致大家都丢了饭碗。为了避免全军覆没，公司高层决定一个员工也不辞退，而是全体降薪，共渡难关。当然，如果不同意降薪，可以选择离开，公司还会为他保留一段时间的职位，万一出去不如意，还可以回来继续工作。

　　总经理一说不打算辞退工人了，大家心里的一块大石头算是落了地，大家对总经理的计划都深表理解和支持，一场由于降薪可能导致的危机就这样化解了。

　　管理者总是渴望能够取得骄人的工作业绩，下属也一样，但是当我们发现实际业绩明显低于预期目标时，就应该未雨绸缪，采取冷热水效应，让下属对业绩的下降有一个较大的心理预期，这样，即便团队的业绩下滑得很厉害，只要在下属的心理预期范围之内，一般问题都是可以解决的。

　　例如，原本计划本月销售出去20套房子，可由于房价波动太大，买房人都在持币观望，可能只能卖出10套。怎么办？等完不成任务挨老板的批评？那就太被动了。你可以提前找老板吐一吐苦水，告诉他这个月顶多能销售出5套房子，老板对市场的波动不可能不知道，他也许正为这件事着急，虽然对你提出的5套销售量不满意，但也只能把他的心理预期降下来，结果你卖出去了8套房子，这下老板高兴了，还会夸你能干，超额完成了任务。可如果你提前不给老板打"预防针"的话，你很可能被上司狠批一顿。

　　冷热水效应在实际运用中的作用很明显，但值得注意的是，不要弄混了"冷热水"的位置，例如，上面的案例，如果把指标定得比上个月还要高，结果最后才卖出8套，老板肯定会说你夸夸其谈，言过其实，是个不能重用的家伙。

　　用好冷热水效应，可以让管理者在职场上收放自如，同时，也可以把自己的未来牢牢把握在自己手里，有意识地推动事情向着我们计划的方向发展。

◎ 安慰剂效应：佛要金装，人要衣装

很多时候，痛苦并不是别人给我们造成的，而是自我暗示的结果。在逆境中保持积极良好的心态，不放弃自己，选择善待自己，能让自己过得更好。同样，面对工作中的挑战，有一颗坚强的心，就算遭遇再大的痛苦也不要绝望，要记得给自己积极的暗示，有助于尽快走出低谷，抖落尘土，继续前行。

海丽在这家外贸公司已经工作三年了，国际贸易专业毕业的她在公司的业绩表现一直平平，因为她以前的上司是个非常傲慢和刻薄的女人。她对海丽的所有工作都不加以赞赏，反而时常泼冷水。

一次，海丽主动搜集了一些国外对公司出口的纺织品类别实行新的环保标准的信息，但是上司知道了，不但不赞赏她的主动工作，反而批评她不专心本职工作，后来海丽再也不敢关注自己业务范围之外的事情了。

海丽觉得，上司之所以不欣赏她，是因为自己没有像其他同事一样去奉承她，但是她又不是会溜须拍马的人，所以不可能得到上司的青睐，她也就自然地在公司沉默寡言了。

后来，公司新调来进出口工作的 Sam 担任上司，新上司新作风。从美国回来的 Sam 性格开朗，对同事经常赞赏有加，特别提倡大家畅所欲言，不拘泥于部门和职责限制。在他的带动下，海丽也积极发表自己的看法了。

由于 Sam 的积极鼓励，海丽工作的热情空前高涨，她也不断学会新东西，起草合同、参与谈判、跟外商周旋……海丽非常惊讶，原来自己还有这么多的潜能可以挖掘，想不到以前那个沉默害羞的女孩，今天能够跟外国客商为报价争论得面红耳赤。

其实，海丽的变化，就是我们说的安慰剂效应起了作用。在不被重视和激励、甚至充满负面评价的环境中，人往往会被负面信息左右，对自己作出

比较低的评价。而在充满信任和赞赏的环境中，人则容易受到启发和鼓励，往更好的方向努力，随着心态的改变，行动也越来越积极，最终做出更好的成绩。

每个身在职场的人都有体会，遇到不顺和打击是常有的事情。如果不懂得安慰自己，难免会陷入职场泥潭而无法自拔。可是他救永远没有自救来得及时，给自己一些心理暗示，告诉自己"你可以的"，那一切都会有所不同。

安慰就像沙漠中的绿洲，能给人带来希望。职场是一条很长的路，只有那些时刻都不松懈、不断学习的人，才能在一次次的竞争中胜出，才能笑到最后。想提高自己的职场竞争力，不妨把大脑充实起来，除了练就过硬的业务素质，也赶紧学几条心理学法则，掌握应变的技巧，让职场生活多些快意。

◎海潮效应：以待遇吸引人，以事业激励人

海潮效应，是海水因天体的引力而涌起海潮，引力大则出现大潮，引力小则出现小潮，引力过弱则无潮的现象。人才与社会时代的关系也是这样。

社会需要人才，时代呼唤人才，人才便应运而生。对于一个单位来说，重要的是要通过调节对人才的待遇，以达到人才的合理配置，从而加大本单位对人才的吸引力。

现在，很多知名企业都提出这样的人力资源管理理念：以待遇吸引人，以感情凝聚人，以事业激励人。作为一个组织，必须通过调节对人才的待遇，达到人才的合理配置，加大本单位对人才的吸引力，加大对人才的宣传力度，形成尊重知识、尊重人才的组织文化，吸引外来人才加入。

1. 完善人才激励机制

激励机制运用的好坏是决定企业兴衰的一个重要因素。

在人力资源管理中，如何设计激励模式是重大课题。随着信息流动量加大和逐步建立社会化的健全的人才市场，人才流动靠行政手段是行不通的，而且资方往往会陷入法律纠纷。因此，必须建立靠薪酬来配置企业人力资源的激励机制，特别是要考虑对人才的激励力度，形成海潮效应。

2. 物质激励为主要模式

物质需要是人类的第一需要，也是基本需求，所以物质激励是激励的主要模式。在我国，员工收入较低，更需要在企业内部使用这样一种激励模式。物质激励主要是改善薪酬福利分配制度，具有一定的激励功能。

（1）用拉开档次的方法，这一点在集团公司的工资改革中已经体现出来了。

（2）对合理化建议和技术革新者提供报酬，使这一部分收入占员工收入的相当比例。

（3）完善多种分配机制。对不同类型人员，不同工作性质的单位或部门应该制定不同的薪酬方案，使之发挥激励作用。例如，基层的管理和技术人员，供应、销售与其他部门的人员，高级与一般管理和技术人员，技术工人与普通工人等，他们的薪酬方案应该有所不同。管理者可以结合绩效考核情况，完善薪酬分配方案，使之适应不同类型人员的需求，发挥薪酬激励作用。

（4）管理阶层应把握住企业创新的原动力。要采取国际上通行的技术入股、利润提成等措施，通过公平的分配体制，实现个人利益与企业利益的高度一致，使员工感觉到：有创造力就有回报。只有分配关系理顺了，员工才会把精力集中在工作上，发挥创造性和主动性，真正实现个人与企业的共同发展。

3. 重视非物质激励

非物质激励包括职位的迁升、权利的扩大、地位的提高，这些都可以让他们在精神上产生满足感；同时，也包括如进修、学习等提高其自身素质和生存能力的培训。

每个人都有对职位、权利、地位等的追求，这是由人具有的社会属性所决定的。所以，如果下属的工作业绩很好，虽然得到了物质激励，但仍然有这种对职位升迁、权利扩大、地位提高的需求。如果这种需求长期不能得到满足，必然会严重挫伤其工作的积极性。所以，必须对员工的这种需求有所考虑，并通过适时的激励，提高其工作绩效。

◎从众效应：团队有多大感染力， 队员就有多大爆发力

从众效应，也称乐队花车效应，是指当个体受到群体的影响，会怀疑并改变自己的观点、判断和行为，朝着与群体大多数人一致的方向变化。也就是说，个体受到群体的影响而怀疑、改变自己的观点、判断和行为等，以和他人保持一致。也就是通常人们所说的"随大流"。

从众效应是一种常见的追随别人行为的心理效应。这种效应有时是积极的，如别人献血你也去献；有时是消极的，如看到别人在公园摘花，自己也跟着去摘花。

有这么一个实验：

有所高校举办一次特殊的活动，请德国化学家展示他发明的某种挥发性液体。当主持人将满脸大胡子的"德国化学家"介绍给阶梯教室里的学生后，化学家用沙哑的嗓音对同学们说："我最近研究出了一种强烈挥发性的液体，现在我要进行实验，看从讲台挥发到全教室要用多长时间，凡闻到一点味道的，马上举手，我要计算时间。"

说着，他打开了密封的瓶塞，让透明的液体挥发……不一会儿，前排的同学，中间的同学，后排的同学都先后举起了手。不到 2 分钟，全体同学举

起了手。此时，"化学家"一把把大胡子扯下，拿掉墨镜，原来他是本校的德语老师。他笑着说："我这里装的是蒸馏水！"

这个实验生动地说明了同学之间的从众效应——看到别人举手，也跟着举手，但他们并不是撒谎，而是受"化学家"的言语暗示和其他同学举手的行为暗示，似乎真的闻到了一种味道，于是举起了手。

所谓从众效应，是指由于群体的力量，个体不知不觉地在认知上和多数人保持一致的现象。从某种意义上来讲，从众效应引起的是带有一定盲目性的行为倾向，更多地表现为个人选择的被动。

在一家公司工作的小珊，因为在聚会上看到了同学们"光鲜"的一面，就很快进行自我否定，不顾自己的专业特长而盲目放弃稳定的工作，去进行毫无基础也不是自己特长的业务开发，最终使"跳槽"成了"跳崖"，前途"无亮"。

这就是盲从所产生的后果！

在工作中盲目从众，会让你失去很多正确判断的机会，甚至丧失自我。但是并不是所有的从众心理都会起负面作用，有时候适当从众是为了顾全大局，也是为了保护自己。

职场中人不能盲目从众，但是也万万不可选择任何时候都不从众。人终究是生活在一个集体里面，适当而理性地从众是有益而无害的。

李亮是一名刚毕业的大学生，在一家公司的人力资源部工作。李亮工作努力，肯吃苦，工作成绩很出众。另外，李亮性格外向，语言表达能力很强，很爱说。他在领导面前或者在会上，总是喜欢抢先提出自己的看法和观点，并进行充分的阐述，还喜欢对同事的工作提出建议。但让李亮不解的是，同事们好像都不太喜欢和他交往，领导也对他不冷不热。

终于，有一天他无意中听到了同事们的私下议论："那个姓李的，才来几天就了不得了，听起来好像比谁都能干。到底是毛头小伙，一点儿也不稳重。他来的这两个月，我们部门比去年一年还热闹，他怎么就那么爱出风头！"听到这话，李亮似乎明白了什么。他心中非常苦闷：自己只是希望通过努力工作，做出成绩来让大家认可自己，这难道有错吗？

李亮所受到的冷遇，正是与他的工作表现出众有关。

在职场中，有一个度要时刻把握好，那就是——平衡"出众"与"从众"的关系。职场人的"出众"就是努力工作，扎实做事，创造卓越成绩；职场人的"从众"就是顺应和融合企业文化，不标新立异。什么时候该"出众"，什么时候该"从众"，一定要把握好。一字之差，却大有深意，这其中的滋味就需要职场人自己好好体会了。

"出众而不孤立，从众而不庸俗"，管理者要将这句话送给所有在职场中打拼的人。希望他们懂得在适当的时候选择从众，既是顺从众意，也是保护自己。

◎ 得寸进尺效应：小步子、低台阶、勤帮助、多照应

得寸进尺效应是一种心理现象，美国社会心理学家弗里得曼做了一个有趣的实验：

他让助手去访问一些家庭主妇，请求被访问者答应将一个小招牌挂在窗户上，她们答应了。半个月后，实验者再次登门，要求将一个大招牌放在庭院内，这个牌子不仅大，而且很不美观。同时，实验者也向以前没有放过小招牌的家庭主妇提出同样的要求。结果前者有55%的人同意，而后者只有不到17%的人同意，前者比后者高3倍。

后来人们把这种心理现象叫作得寸进尺效应。

心理学家认为，在一般情况下，人们都不愿接受较高较难的要求，因为费时费力又难以成功；相反，人们乐于接受较小的、较易完成的要求，在实现了较小的要求后，人们才慢慢地愿意接受较大的要求，这就是登门坎效应

对人的影响。

有个小和尚跟师父学武艺，可师父却什么也不教他，只交给他一群小猪，让他放牧。庙前有一条小河，每天早上小和尚要抱着一头头小猪跳过河，傍晚再跳回来。

后来，小和尚在不知不觉中练就了卓越的臂力和轻功。原来，小猪一天天长大，小和尚的臂力也在不断地增长，他这才明白师傅的用意，这也是登门坎效应的应用。

登门坎心理效应反映出人们在学习、生活、工作中普遍具有避重就轻、避难趋易的心理倾向。

在一次万米长跑赛中，一位实力一般的女选手勇夺桂冠。

记者纷纷问其奥秘，她说："别人都把一万米看作一个整体目标，我却把它分成十段。在第一个千米时，我要求自己争取领先，这比较容易做到，因此我做到了；在第二个千米时，我也要求自己争取领先，这并不难，所以我也做到了……这样，我在每一个千米时都保持了领先，并超出一段距离，所以夺取了最后胜利，尽管我的实力不是最强的。"

其实，她正是成功运用了登门坎效应。

如果能够把这种效应用在组织管理上，照样也可以提高组织业绩。身为流程管理的推进者或者其他变革的推动人，可能会苦恼自己的企业和机构中"反对者多、支持者少"，如何使反对派和中间派，甚至是企业高层的态度发生重大转变呢？应用得寸进尺效应就可以实现。

一个人25岁以后就很难被说服，更多情况下是口服心不服，只能让他们自己来说服自己，这样效果才会比较好。说服之外，就要应用得寸进尺，化整为零，化宏大变革远景为脚下可行的一步步行动。

在要求别人或者下属做某件较难的事情而又担心他不愿意做时，可以先向他提出做一件类似的较小的事情。同样，对于一个新人，上级不要一下子对他们提出过高的要求，建议你先提出一个只要比过去稍有难度的小要求，当他们达到这个要求后，再通过鼓励，逐步向其提出更高的要求，这样员工容易接受，预期目标也容易实现。

◎ 飞轮效应：压力越大，动力越大

飞轮效应，是指为了使静止的飞轮转动起来，一开始你必须使很大的力气，一圈一圈反复地推，每转一圈都很费力，但是每一圈的努力都不会白费，飞轮会转动得越来越快。达到某一临界点后，飞轮的重力和冲力会成为推动力的一部分。这时，你无须花费更大的力气，飞轮依旧会快速转动，而且不停地转动。这就是飞轮效应。

这一原理告诉我们，在每件事情的开头都必须付出艰巨的努力才能使你的事业之轮转动起来，而一旦你的事业走上平稳发展的快车道之后，一切都会好起来。万事开头难，努力再努力，光明就在前头。

持续的改善和提升绩效中蕴藏了巨大的力量，只要指出实际的成就——尽管最初还在逐步累积的阶段，然后说明这些步骤如何呼应具体可行的经营理念。当你这么做的时候，其他人逐渐了解并察觉公司正在加速向前冲，他们因此也会团结一致，热情支持。

克罗格公司的总裁吉姆就是运用飞轮效应让公司的 50000 名员工接受他的改革方案。他没有试图一蹴而就，也没有打算用煽情的演讲打动员工，而是组建了一个高效的团队来"慢慢地但坚持不懈地转动飞轮"——用实实在在的业绩来证明他的方案是可行的，也是会带来效益的。

看到了吉姆的成绩，越来越多的员工对改革充满信心，他们以实实在在的行动为改革做贡献，到了某一时刻，公司这个飞轮就基本上能自己转动了。

此后，吉姆调查了 1435 家大企业的名单，经过调查、比较、研究，吉姆吃惊地发现：在从优秀公司到伟大公司的转变过程中，根本没有什么"神奇时刻"，成功的唯一道路就是清晰的思路、坚定的行动，而不是所谓的灵感。

飞轮效应实际上也大致描述了一个公司从好到卓越的转变过程。一个有50000名员工的企业，如何实现战略转型呢？你只能一步一步来，一点一点、持续不断地推动飞轮，才使得战略转型最终取得了极大的成效。尝试去一步一步地实现计划，只有这样，广大员工才能从成绩中不断建立信心，而不是靠空洞的口号去鼓舞人心。

成功需要排除一切干扰，把精力集中在最重要的事情上，全力以赴去实现目标。主要有以下阶段：

1. 开始阶段

（1）制定清晰的职业目标。

（2）做好失败的准备。

（3）养成成功的习惯。

（4）要具备良好的学习态度。

（5）做好职业的规划及计划。

2. 基础阶段

只有脚踏实地地做好基础工作，打好根基，才能够为以后的发展提供有效的保障。就像我们不管用什么方法，都必须让飞轮主受力方向与转动的方向一致才可以达到让它转动的目的。

3. 发展阶段

通过前面的叙述，飞轮可以在力的作用下转动起来，但是这个时候的转动是非常被动，非常吃力的。一旦失去受力，马上就会停止下来，只有不断地加力并持之以恒，才可以使所受的力越来越接近临界点。

4. 辉煌阶段

当飞轮所受力达到临界点时，由于牵引力和惯性的存在，即使飞轮失去了受力，飞轮也可以在一定时间内转动。这说明当做好所有准备后，就会获得不错的发展，在发展的背后，将是许多许多的认同、认可与依赖。

即使在某个时刻或在某个方面发生一点点失误也不会导致完全的失败，因为我们已经被接受了，只要在失误后能够及时意识到失误、及时更正，别人就会愿意继续认可与依赖。

◎宣泄效应：发泄出来，工作效率高

心里有负面情绪，不发泄出来，心里不好受，自然工作效率也不会高。聪明的管理者懂得帮助员工找到适当的发泄口。当管理者能耐心倾听员工倾诉、发泄压力、提出意见时，员工就会认为自己是领导关心和关注的对象，他们的工作效率就会大大提高。这就是霍桑效应，也称宣泄效应。

马克·吐温说："每个人都在谈论天气，但却没有一个人会对天气做什么。"这句话透露出每个人的内心，却也是组织能够顺畅运作的关键：虽明知什么都不会改变，却有股想要发发牢骚的冲动。

在企业管理中，员工的牢骚让每一个管理者都头痛过。既然牢骚在所难免，管理者的难题就发生了变化，从怎样不让员工发牢骚，变成怎样让员工发牢骚。研究发现，和没有人发牢骚的企业相比，有人发牢骚的企业更成功。

牢骚是改变不合理现状的催化剂。牢骚虽不总是正确的，但认真对待牢骚却总是正确的。有人发牢骚，说明他对现状的改善有信心，没有信心，他就不再发牢骚！

在芝加哥郊外，有家制造电话交换机的企业，各种生活和娱乐设施都很完备，福利做得也相当不错。但让厂长感到困惑的是，员工的生产积极性却并不高。深入员工中间，管理者发现很多员工有牢骚。

于是，管理者便采用了"谈话试验"法，耐心倾听工人对厂方的各种意见和不满,并做详细记录。于是员工的不满情绪发泄出来了,工作积极性自然就高涨了,工作效率也大为提高。

由此可见,对待牢骚,宜疏不宜堵。堵则气滞,牢骚升级。疏则气顺,心平气和,情绪高涨,员工的工作积极性和主动性自然提高,精神面貌焕然一新。有牢骚未必是坏事,关键是如何对待牢骚、转化牢骚、化牢骚为工作动力。

美国的有些企业设定了发泄日(Hop Day)的制度。就是在每个月专门划出一天给员工发泄不满。在这天,员工可以对公司同事和上级直抒胸臆,开玩笑、顶撞都是允许的,领导不许就此迁怒于人。

员工抱怨公司的理由,和抱怨天气一样,并不是因为他们想要改变什么,而是因为这些小小的"消极性仪式",为员工的牢骚提供了出口,能够让员工确认共同的经验而凝聚在一起,将无伤大雅的抱怨变成愉快的例行公事的一部分,让员工彼此间不再心存芥蒂。

这类抱怨不仅可以增强社交关系,并建立一种共同体的感觉;还会使下属平时积郁的不满情绪得到宣泄,大大缓解他们的工作压力,提高工作效率。

人的需要是多方面的,且生活在复杂多变的社会环境里,因而,人不仅有的需要得不到满足,而且还会经常遇到一些挫折。因此,人一般都具有一定的侵犯性能量,并且时刻要以某种方式表达出来即进行宣泄,而宣泄的结果可以使人内部的侵犯性驱力减弱,使人的心情趋于平静,这就是宣泄效应。如果一个人怀有强烈的侵犯性情感,那么干一件侵犯性活动(包括假想的),就会降低他的侵犯性情感强度,使他不大可能再做出侵犯性行为。

在企业的运作中,员工的压力要得到及时宣泄,如此才有利于企业内部矛盾的解决,保障企业正常的运作。宣泄员工压力,要注意以下几点:

1. 要引起管理人员的足够重视

员工是企业运作的根本力量,每一个个体或者群体在心理上、思想上、经济上都有相应的承受能力,如果超出了这个承受能力,就会产生较为严重的负面效应。为此，管理人员要从思想上高度重视，必须密切关注员工的承受能力，依法办事、合情合理、公正裁决，防止恶性事件的发生。

2. 员工的宣泄渠道要畅通

在有的公司，管理人员与员工之间的信息不流畅，从而导致了许多不安全状况。管理者要建立安全、通畅、及时的上下沟通的渠道，及时、准确地了解员工中出现的问题，及时沟通解决。不要等到问题成了堆，才想起解决。

3. 解决问题要有针对性

不同员工的脾气、对压力的承受能力是不同的，所以对待不同的员工要有针对性。在具体操作时，管理者要从实际出发、有针对性地解决问题。

4. 沟通交流要及时

当员工之间的问题得不到解决时，这种矛盾就会成几何倍数增长，造成严重的后果。任何思想工作都不是小事，都要得到及时解决。当矛盾处在萌芽状态时，及时解决可以达到事半功倍的效果。

5. 设置宣泄室

一个企业若能建立专门的宣泄室供职工宣泄，就可以减少职工的侵犯性能量，帮助职工恢复心灵平静，更好地为企业工作。宣泄室里可放置企业的各级领导人及相关管理人员的画像、照片、泥塑以及简易的攻击器具，以便让职工有机会进行假想的谩骂和攻击，尽情地宣泄心中的不满和攻击性能量，逐渐恢复心理平衡。

◎吃饼报答效应：吃人家的嘴软，拿人家的手短

在社会交换中，存在着一种制约社会交往的普遍规范，人们指望他们得到的报酬与他们的代价和投资成比例，如果报酬少于他们认为应该得到的东西，他们就会感到愤慨，并设法争取利益；如果他们得到的报酬多于他们认为应该得到的东西，他们就会感到内疚和局促不安，并产生"欠人情"的报答感，即通常所说的"吃人家的嘴软，拿人家的手短"。

这种吃饼报答效应在企业管理中也时有表现，许多搞歪门邪道的人都深谙此道，他们常用的伎俩是阿谀奉承和用物质利益巴结有用的人，总之是通过给予各种好处，使被利用对象产生吃饼报答效应，从而为达到自己的目的大开方便之门。

比起一板一眼的数据报表来说，职场上人情的付出及回报是很难用某个标准来衡量的。在职场中，除了各司其职之外，人情世故也是必不可少的。

施与和接受帮助都是常态，人情本身不应成为负担，而是使同事间建立良性循环的反馈步骤，有诚意的回报态度往往让人更有好感。例如，帮忙签收快递这样的小事，如果收件人和代签的同事两人之前一点儿也不熟，前者为了表示谢意在后者桌子上放了零食，还压上一张感谢的纸条，这个举动就会让人觉得有礼貌和细致。

不同的帮忙对应的回报的分量也不同。如果对方是举手之劳，太郑重其事就显得不自然；如果这个忙对你是及时雨，认真表达谢意就很重要；如果对方是在你初来乍到或者处于"瓶颈"期时给予贴心的指导和建议，就不能用物质来衡量了。不要让人觉得你只是在没有诚意地还人情，这其实就和"我不需要你的帮助"这样的话没有两样。

李琳初到这所建筑设计工作室时，工作室里的一位设计师前辈经常会停

下自己正在进行的项目，给像李琳这样的新进员工示范建筑设计软件中的某个功能如何使用。

李琳看了不少他以前的设计，还有很多他推荐的书，并且经常和他自由讨论书里的设计。这种非教学式的讨论让李琳受益匪浅，她又觉得如果把这样的帮助物质化，请前辈吃饭或者送个礼物，反而会让这种良性的互动变得不自然。

因此，李琳更加用心学习，还与前辈充分交流自己的想法，很快融入工作氛围中。

某些时候，给你提供帮助的人更看重的其实是你因为他的帮助而获得的提升和进步。这也会给他带来成就感。像这样导师形式的帮助，能够跟上他的思维与之交流可能是他认为最好的回报。另外，你也会对他心存感激，对他而言也是一项人情储备。

回报人情的方式在运用过程中并没有规定先用哪种，这要看同事之间的关系以及所帮忙的程度。另外，也是非常重要的，人们非常清楚我今天在帮助别人的同时，也就等于在帮助我自己的未来，建立了很好的人脉关系。而这一人脉关系又可以继续使得我们自己能够有更多的人脉来帮助其他人。

刚开始做无线网的系统测试时，孙磊不熟悉代码。有时在测试中发现了问题解决不了，就需要懂代码的同事帮忙看看。

孙磊是典型的北方男生，他觉得最直接的感谢就是请对方吃个饭，而且午休的时候出去吃个饭也很自然，是一个让同事间彼此熟悉的过程。

职场上，别人帮了自己的忙，以请吃饭或者送个礼物来表达谢意，这种情况是最常见的。一方面，这种方式最直接，可以让对方感受到你对他帮忙的感谢；另一方面，无论是吃饭还是小礼物都是再次互动的契机，吃饭是一个沟通熟悉的过程，而小礼物则能表达心思。

当然，这里还有个估价的问题，你在回报时会暗自在心里给获得的帮助估一个价。当然，如何估价就是另外一回事了，影响的因素很多，例如，帮的这个忙对你的意义有多大，会花费对方多少时间和精力，以及你们熟稔的程度等。

除了前文提到的几种回报方式外，职场上还有一个就是：今天我帮助他人，是在个人的感情账户里面投了"感情资本"，希望在未来我有需要的时候会有人帮我，这是职场上的"感情银行"。对于人情这件事，通常来说人们最忌讳的就是：过河拆桥、没有职业素养、背后说人坏话或挑拨离间、没有诚信和信誉。

在期货经济公司工作的李佳，在一次出去拜访客户时，少带了一份文件。她一向不愿意麻烦别人，觉得工作时间折腾人家为她跑一趟挺麻烦的。但是她实在来不及回公司取，就只好找了同事张凯，张凯立刻打车给她送到客户公司楼下。

后来那单业务顺利谈成了，李佳很感激张凯。其实李佳也渐渐发现，工作中需要和同事互相帮忙的时候不少。例如，张凯需要某行业的资料，刚好是李佳熟悉的领域，她就把之前自己搜集的资料拿去给张凯。

用人情还人情，是指不用语言和物质的形式回报对方，而是找其他机会帮助对方，或者在其他场合下支持对方。与另两种回报方式相比，以人情还人情更需要默契，需要让对方了解到你对他的帮助感念在心，而这种方式无疑能更好地让同事间建立起信任和支持的关系，人情本身成了建立这种关系的契机。

回报人情不管用什么方式进行，最终目的是只要双方认同就可以了。

◎ 期望效应：赞美下属，工作更加积极

期望效应又叫皮格马利翁效应，也叫罗森塔尔效应。这个效应源于古希腊一个美丽的传说。

相传，古希腊雕刻家皮格马利翁深深地爱上了自己用象牙雕刻的美丽少

女，并希望少女能够变成活生生的真人。他真挚的爱感动了爱神阿劳芙罗狄特，爱神赋予了少女雕像以生命，最终皮格马利翁与自己钟爱的少女结为伉俪。

皮格马利翁效应是说，人心中怎么想、相信什么就会如此成就。你期望什么，你就会得到什么，你得到的不是你想要的，而是你期待的。只要充满自信的期待，只要真的相信事情会顺利进行，事情一定会顺利进行；相反，如果你相信事情不断地受到阻力，这些阻力就会产生，成功者都会培养出充满自信的态度，相信好的事情一定会发生。

这种被称为积极期望的态度是赢家的态度。事前就期待你赢，而且坚信这种看法，因此，只要你充满自信地期待，即使你期待时所把持的资料是不正确的，你仍然会得到你所期望的结果。

故事一：

通用电气的前任 CEO 杰克·韦尔奇认为，团队管理的最佳途径并不是通过"肩膀上的杠杠"来实现的，而是致力于确保每个人都知道最紧要的东西是构想，并激励他们完成构想。

韦尔奇在自传中用很多词汇描述了那个理想的团队状态，如"无边界"理论、四 E 素质（精力、激发活力、锐气、执行力）等，以此来暗示团队成员"如果你想，你就可以"。

在这方面，韦尔奇还是一个递送手写便条表示感谢的高手，这虽然花不了多少时间，却几乎总能立竿见影。因此，韦尔奇说："给人以自信是到目前为止我所能做的最重要的事情。"

故事二：

美国钢铁大王卡内基选拔的第一任总裁查尔斯·史考伯说："我认为，我那能够使员工鼓舞起来的能力，是我所拥有的最大资产。而使一个人发挥最大能力的方法，是赞赏和鼓励。再也没有比上司的批评更能抹杀一个人的雄心……我赞成鼓励别人工作。因此我急于称赞，而讨厌挑错。如果我喜欢什么的话，就是我诚于嘉许，宽于称道。"

"我在世界各地见到许多大人物，还没有发现任何人——不论他多么伟大，地位多么崇高——在被赞许的情况下比在被批评的情况下工作成绩更佳、更卖力气的。"

史考伯的信条同卡内基如出一辙。正是因为两人都善于激励和赞赏自己的员工，才稳固地建立起了他们的商业王国。

故事三：

美国石油大王洛克菲勒的助手贝特福特，有一次因经营失误使公司在南美的投资损失了40%。贝特福特正准备挨骂，洛克菲勒却拍着他的肩说："全靠你处置有方，替我们保全了这么多的投资，能干得这么出色，已出乎我们意料了。"

这位因失败而受到赞扬的助手后来为公司屡创佳绩，成了公司的中坚人物。

人类本性中最深刻的渴求就是赞美。每个人只要能被热情期待和肯定，就能得到希望的效果。管理者应该而且必须赏识你的下属，要把赏识当成下属工作中的一种需要。赞美下属会使他们心情愉快，工作更加积极，用更好的工作成果来回报你，何乐而不为呢！

如果对自己的行为有期望就会产生激励力量，推动自己去行为。一个人的行为激励力量等于行为目标的效价（对人的价值）与期望概率（目标实现的可能性）的乘积。只有当行为的价值高并且估计实现的可能性大时，才能对人具有更大的激励力量。若行为的价值高但目标实现的可能性小，或行为目标的实现可能性大但行为的价值低，都不能激励人们去行为。

因此，企业和管理人员应当熟知期望效应，研究员工的需要目标、生产能力和生产标准，合理分配人力资源、加强员工培训，提出对员工有价值且容易实现的工作目标，更好地激发员工的工作积极性与创造性。

◎公平感效应：管理要公平、公正

所谓公平感效应，是指团体中人和人之间比较时的不公平感会促使人设法消除这种不公平，并因此影响工作或学习的积极性与主动性。

所谓公平就是个人所得和投入的比例，跟他人所得和投入比例相比，两者相似或相当。若不相当就会产生不公平感。一个人若感到公平则产生满意感，情绪稳定；否则，就会产生不满意感。当你看到别人得到的报酬比你多，你不一定感到不满意，因为你可能知道，你的投入比他少。例如，你的经验、所受的教育、劳动量不如人家。但是，如果你衡量自己的投入不比别人差，而得到的结果不如人家多，你就会感到被剥夺而不满意，感到领导给自己的报酬太少了，这样就会工作不安心，设法减少投入、消极怠工或者要求增加所得，甚至发牢骚、离岗和跳槽。

这种公平感效应告诉团体管理者，一个员工（老师、学生）满意与否并不仅仅与自身收入（得到）有关，更重要的是与其他人相比较时的公平感。

公平是员工对管理者的热切期待，是营造和谐工作环境的前提条件，也是管理者赢得敬重的基本要素之一。古人云："吏不畏吾严而畏吾廉，民不服吾威而服吾公。"管理者在协调关系、解决矛盾、分配利益时，要站在公正的立场上，进行恰当地判断，做出合理的决定，不能搞亲疏远近，偏袒一些人而伤害另一些人。

1. 公正要出于公心

如果管理者头脑里有一种固有观念，带有一种主观上的好恶，那么就做不到公正。管理者要做到公平公正，就必须头脑清醒、顾大局、识大体，必须严格按照规章制度办事，只有这样，才能有真正的公平公正。

2. 机会均等

如员工应该有均等的录用、晋升、学习和获得其他利益的机会，顾客应该有均等的获得产品和服务的机会，供应者应该有均等的提供资源的机会等。

3. 公平竞争

包括竞争活动的公平、竞争规则的公平、竞争结果的客观性，这是机会均等的内在要求。不论在企业内部还是在与其他企业竞争的过程中，都应遵循这一原则。

4. 公平用人

在企业内部，最能体现管理者公平原则的就是对人的使用。因为，用人从大的方面来说，关系到企业的生存与发展；从小的方面来说，关系到个人的前途与发展等多种利益。企业内部错综复杂的关系，使人们更加注意管理者用人是否公正，这决定了员工对企业的态度、对管理者的评价。

◎目标整合效应：个人目标、团队目标要结合

有这样一个故事：

一家企业招聘，各路精英过五关斩六将，最后10个候选者等待最后一关面试。临近中午，面试官让应聘者交出身上所有的钱，然后宣布："给大家一个任务，每人发3块钱，你们想法在一个小时内吃饱吃好。"然后，他便给每个人发了3块钱。

10个应聘者一脸疑惑地走出公司，大家一边走一边商量，既要吃饱又要吃好，进快餐店当然不行。于是，他们来到了一家中餐厅。可是，每人手里

只有 3 块钱，在餐馆里能吃什么？结果，每人要了一个盒饭。3 块钱自然不能吃很好的盒饭，就几片豆腐、几片青菜，再加一些米饭。

回到公司，面试官一一听取了他们的用餐情况，然后摇头："很抱歉，虽然你们其他方面都表现优异，但不适合在本公司工作。"

应聘者们个个目瞪口呆，面试官解释说："3 块钱就不能吃饱吃好吗？我已经打听过了，你们就餐的那家餐馆，清炒小白菜每份 3 元，油煎豆腐每份 3 元，青椒炒油渣每份 3 元，米饭免费……你们一共 10 个人，每人 3 元，加在一起就是 30 元，几乎可以炒 10 盘不同的菜肴，为什么不这样做呢？这只能说明一个问题，你们都以自我为中心，完全没有一点团队合作精神！而一个缺少团队精神的人和公司，还有发展的前途吗？"

在职业活动中，很多情况下，单靠一个人的努力不可能完成任务，只有实现团队成功才能实现个人成功。个人主义、自我中心是需要的，但是过度的个人主义和自我中心将会限制个人的成就，影响一个人的职业成就。由此，我们可以得到启示：在工作中不仅要关注个人的小目标，更要关注、关心所在团队的大目标，正确处理好个人目标与团队目标的关系。只有把员工个人目标与团体目标整合起来，使个人目标的实现与团体目标的实现相关联，才会增强个人为团体工作的积极性。

团体管理中，目标整合就是使个人目标的实现有利于团体目标的实现，团体目标的实现也有利于个人目标的实现，把个人的目标整合到团体目标之中，增强个人对企业的隶属感，使个人感到自身在团体中的重要性，把团体目标融合为个人目标，对团体目标的实现产生强烈的责任感，千方百计为实现团体目标而积极工作。相反，如果个人目标与团体目标相分离，个人为团体目标实现的工作主动性与创造性就不会很高。

管理者若能把员工个人的收入、目标的实现与团体目标的实现与否挂起钩来，就会发挥好的目标整合效应。

员工就像一滴水，要尽快流入大海，融入团队，只有这样，才能成为团队的一员，顺利开启自己的职业生涯。融入团队，成为团队的贡献者，团队将因你而精彩，你将因团队而成功！

◎ 行为的双因素影响效应： 激励员工，善待员工

所谓行为的双因素影响效应，是指人的行为取向受激励因素和保健因素的双重影响。在团体管理中，管理者应当注意将保健因素与激励因素的双重效应有机地结合起来。

1. 激励因素

激励因素指令人满意的因素，包括成就、表扬、工作内容、责任和提升，这些因素能使人们从工作中得到直接的满足与愉悦，激励人们发挥潜力，做出较好的工作表现。

激励因素主要是对职工自我实现需求、尊重需求和社交需求的满足，可以挖掘人的潜力、发挥积极性。

（1）不仅要告诉员工做什么，还要向他们解释为什么应该做。

（2）针对员工的表现，给员工提供快速、直接的反馈。如果需要他们改善，就要让他们明白如何做才能做得更好。

（3）发现员工做对了事情，要表扬他们。

（4）问问员工："做什么可以改善你们的业务？"

（5）真正倾听员工要做什么。当他们和你谈话的时候，要真诚地在意他们。

（6）问问员工："这个月，我能为你做得更好的一件事是什么？"然后，告诉他们，这个月他们能为你做得更好的一件事。

（7）给员工分配小项目，让他们学习新任务，并让他们在工作中成长。

（8）在成员中，鼓励他们轮流当领导，给员工提供领导力训练。

（9）当员工尝试某件事失败了，不要惩罚员工，要帮助他们学习经验。

（10）把你的经验分享给员工。

（11）和员工交流一下对公司的长期愿景。

（12）和员工分享来自客户的表扬、抱怨的信件和电子信息。

（13）期望完美，但是接受优越。

（14）用尊严和尊敬来对待员工，就像自己期望和想要被对待的一样。

（15）让员工优越。你有权利让你的员工好或者让他们无指望。

2. 保健因素

保健因素，包括团体政策与管理、人际关系、薪金和工作条件等，这类因素类似卫生保健，只能预防疾病，但不能增强体质，故称为保健因素。

保健因素是对安全需求、生理需求的满足，可以保证基本正常的工作与生活，这些不能不满足。

有这样一个发生在春节之前的故事：

李涛在一家营养保健品公司做企划，老板提前半月托关系替他从火车站买了票。对在上海人生地不熟的李涛来说是感激涕零的，他决定拼命为老板工作，以还老板这份情。

故事中，李涛的老板很精明，他懂得如何"俘获"员工的心，让他死心塌地为他"卖命"。也许利用自己的关系，买张票只是举手之劳，而身在异地的李涛已是感激不尽。

通常来说，国家放假有规定，公司有制度，按照制度管理公司员工是对的，有法可依，但是管理更多的是灵活性，因人制宜，因地制宜，因时制宜，而不应该死板硬套，应该多点人情味，关心员工，为员工解除后顾之忧，"人非草木，孰能无情"，你的员工会掂得清分量，知道如何回报老板、回报企业。

◎管理跨度效应：有效分配人力资源

所谓管理跨度效应，是指管理跨度大小对管理效能的影响，管理者在有效管理跨度外的管理效能低，在有效管理跨度内的管理效能高。

一般情况下，一个人的有效管理跨度人数为 4 ~ 12 人，但是这一有效管理跨度标准也不是绝对的，因为在实际工作中，有效管理的跨度的范围还因人、因事、因地而有所不同。

资料显示，美国五星上将艾森豪威尔在第二次世界大战中任盟军欧洲部队最高司令官时，有 3 名直属下级，而这 3 名下属均管理不多于 4 名下属；1975 年，通用汽车公司的总经理有两名执行副总经理和一个由 13 名副总经理组成的小组向他直接报告工作……

一般来说，管理幅度越大，人与人之间的关系就越复杂。如果管理的下属太多，就会引起复杂的人际关系。因此，一方面，要把幅度控制在适度的范围；另一方面，要加强部门和人员之间的沟通。

当管理者和下属的素质高、能力强、工作关系且内容简单时，管理跨度的范围可适当扩大。当管理者和下属的素质低、能力弱且工作复杂时，管理跨度的人数就应当适当减少，否则管理的效能就会降低，就会出现这样或那样的问题。团体管理中应当因人、因事、因地、甚至因时，根据具体情况分配人力资源和启用人才。

有效的管理幅度受到诸多因素的影响，主要有管理者与被管理者的工作能力、工作内容、工作条件与工作环境。

1. 工作能力

主管的综合能力、理解能力、表达能力强，则可以迅速把握问题的关键，就下属的请示提出恰当的指导建议，并使下属明确理解，可以缩短与每一位下属在接触中占用的时间。同样，如果下属具备符合要求的能力，受过良好的系统培训，则可以在很多问题上根据自己的符合组织要求的主见去解决，可以减少向上司请示、占用上司时间的频率。这样，管理的幅度便可适当宽些。

2．工作内容

（1）主管所处的管理层次。处在管理系统中的不同层次，决策与用人的比重各不相同。决策的工作量越大，主管用于指导、协调下属的时间就越少，而越接近组织的高层，主管人员的决策职能越重要，所以其管理幅度要较中层和基层管理人员小。

（2）下属工作的相似性。下属从事的工作内容和性质相近，对每人工作的指导和建议也大体相同。这种情况下，同一主管对较多下属的指挥和监督是不会有什么困难的。

（3）计划的完善程度。下属如果单纯地执行计划，且计划本身制订得详尽周到，下属对计划的目的和要求明确，那么，主管对下属指导所需的时间就不多；相反，如果下属不仅要执行计划，而且要将计划进一步分解，或计划本身不完善，那么，对下属指导、解释的工作量就会相应增加，减小有效管理幅度。

（4）非管理事务的多少。主管作为组织不同层次的代表，往往必须占用相当时间去进行一些非管理性事务。这种现象对管理幅度也会产生消极影响。

3．工作条件

主要体现在三个方面，如表 8 – 1 所示。

表 8-1　工作条件的体现

条件	说　明
助手的配备情况	如果有关下属的所有问题，不分轻重缓急，都要主管去亲自处理，那么，必然要花费大量的时间，他能直接领导的下属数量也会受到限制。如果给主管准备了必要的助手，由助手去处理一些明显的次要问题，则可以大大减少主管的工作量，增加其管理幅度
信息手段的配备情况	掌握信息，不仅可帮助主管更早、更全面地了解下属的工作情况，及时提出忠告和建议，而且可使下属了解更多与自己工作有关的信息，更能自如、自主地处理分内的事务。这显然有利于扩大主管的管理幅度
工作地点的相近性	不同下属的工作岗位在地理上的分散，会增加下属与主管以及下属之间的沟通困难，从而影响主管直属部下的数量

4. 工作环境

环境变化越快，变化程度越大，组织中遇到的新问题越多，下属向上级的请示就越有必要、越经常；相反，上级能用于指导下属工作的时间和精力却越少，因为他必需花更多的时间去关注环境的变化，考虑应变的措施。因此，环境越不稳定，各层主管人员的管理幅度越受到限制。

◎ 远来和尚效应：给团队及时补充能量

在管理中，所谓远来和尚效应是指，一个新来的团体领导人在新的陌生的团体，容易建立威信、开展工作也较方便与顺利。

这种远来和尚好念经的效应现象主要由人际知觉的各种效应所造成：

一是"远来和尚"对团体成员来说，没有"成见效应"的消极影响。因为任何人在生活工作中，不可能十全十美，总会有这样那样的缺点（包括社会偏见、生理缺陷等），这些缺点被人熟知时，就会影响人们的认知态度，形成消极成见，妨碍对一个人的工作能力、业绩的正确认识，而新来的团体领导人，由于没有"消极成见"的影响，因此易树立正面形象和威信。

二是"远来和尚"对团体成员来说，容易产生"新奇效应"的积极作用。一般团体员工对于新来的领导人，大都会摸他们的"底"，在摸底过程中，往往有两种倾向，首先是对新来者的理想化，把新领导看作好领导，比以前的领导好。其次是对新领导的"高期望"，希望新领导能给他们的工作、生活带来新的转机，并愿意给予积极配合。

远来和尚效应提示我们，当一个团体领导工作难以继续开展下去的时候，上级主管部门应当及时从其他单位调入新的人选。首先，新领导可以为企业带来新的思维和想法，有利于企业管理者反思。其次，新领导对管理团队其他成员有一定威慑力，可以发挥"鲶鱼"效应，有利于激活团队氛围。

如果企业希望空降新领导能顺利开展工作，应做到以下几点：

第一，降低对新领导的期望值。很多企业在引入新领导后，抱有太大甚至是不切实际的期望，例如，期望3个月之内就能扭转公司的业绩、改变公司一些不良习惯。结果往往失败。因为新领导刚到企业，不清楚公司的文化，不熟悉人员，同僚们还带有敌意，这个时候如果一上来就"三把火"做业绩，失败的概率非常高。

第二，给新领导一个适应的周期。成功案例告诉我们，新领导进入新环境，应以熟悉环境为主，而不要急于做业绩。可以先在副职、助理的位置上作一些时间，然后再进入角色。

第三，充分信任新领导。很多新领导之所以失败，是引入者对他产生了怀疑。这里并非是新领导不好，也并非是管理者前期看走了眼，而往往是期望太大造成了失望，也或许是管理者本人的风格影响。

◎责权相应效应：给下属权力，更要给责任

即团体领导给下属部门或个人下达任务时，规定其职责与授予他们的权力相当时，就会产生高的工作效果。

责权相应效应产生的原因是，权力与职责是一对伴生物，人们在行使权力时，在心理上需要有职责感加以限制。同样，人们在承担职责时，在心理上需要有权力感加以支持。在团体管理中两者都不可缺少，任何人拥有较大的权力时，都应当承担较大的责任；反之，任何人承担较大的责任与义务时，也应当授予其较大的权力。

团体管理中要发挥好责权相应效应，应注意以下几点：

一是在目标、任务和决策明确的情况下，应使任务的执行者有权处理工作中的常规问题。对相对独立的下属单位，上级仅提出管理目标和有关政策和规定，给下属单位充分的人事、财务和工作自决权。

二是上级主管人员在充分授权下属后，仍然对下属组织负有责任，因此，应当对下属人员履行职责的情况进行检查和指导。

三是任何个人或部门都不应有比职责要求更多的权力。职责之外的权力往往是滥用职权的结果，这样会破坏组织的秩序和纪律，损害团体的利益。

中国第三届催眠师联盟
大会主席团名单
（二〇一四年八月）

名誉主席：

张伯源　马维祥

主　席：

孙时进

共同主席：

刘晓明　格桑泽仁　黄冬梅　胡宝伟　蒋　平　黄大一（中国台湾）

张守春　贺连津　荣新奇

执行主席：

沈　健

大会秘书长：

张　萍　王志学　刘　蕾

副秘书长：

车兴隆　丁建略　鹿凤山　房子墨

秘　书：

杨颖香　刘瑞成　孙悦欣　张天琦　王　森　宋巧兰　刘思言